期货稳定性盈利策略

实现超高收益的"慢"方法

STABLE
PROFIT
STRATEGIES
OF
FUTURES

黄圣根 —— 著

机械工业出版社
CHINA MACHINE PRESS

本书为中粮期货公司的资深交易专家、在业内有"黄铜铝"之称的黄圣根老师时隔十年的新作。自从上一本图书《期货投资的艺术：在不确定性中寻找确定性》出版后，作者又经历了几次大宗商品市场交易的洗礼，对市场形成了全新的认识。相较于上一本书的重市场分析、重趋势的研判策略，本书更注重交易策略，注重资金管理，注重交易心理。作者认为期货交易的成功是概率问题，因此，与其押注于小概率的大胜，不如押注于大概率的小胜。将筹码资金进行细分，就能为自己赢取更多的交易机会，从而积小胜，维持稳定的年化收益率，最终成为交易人生的赢家。

图书在版编目（CIP）数据

期货稳定性盈利策略：实现超高收益的"慢"方法 / 黄圣根著 . —北京：机械工业出版社，2024.1
ISBN 978-7-111-74380-4

I. ①期… II. ①黄… III. ①期货交易 – 研究 IV. ① F830.93

中国国家版本馆 CIP 数据核字（2023）第 232101 号

机械工业出版社（北京市百万庄大街 22 号 邮政编码 100037）
策划编辑：顾 煦   责任编辑：顾 煦
责任校对：张晓蓉 丁梦卓 闫 焱   责任印制：单爱军
保定市中画美凯印刷有限公司印刷
2024 年 1 月第 1 版第 1 次印刷
170mm×230mm · 13.5 印张 · 1 插页 · 127 千字
标准书号：ISBN 978-7-111-74380-4
定价：79.00 元

电话服务   网络服务
客服电话：010-88361066   机 工 官 网：www.cmpbook.com
           010-88379833   机 工 官 博：weibo.com/cmp1952
           010-68326294   金 书 网：www.golden-book.com
封底无防伪标均为盗版   机工教育服务网：www.cmpedu.com

树怎么长小了

我小学是在村里一座叫"太子祠"的古庙里上的，这里原本是南宋一位太子督办蒙山银矿时读书和生活的地方，后因太子卷入宫斗，不幸被杀，当地百姓为纪念他而修建了"太子祠"。古庙是一座典型的赣派建筑，高高的马头墙，粉墙黛瓦，虽然有些地方只剩残垣断壁，但总体保存完好。庙的周围古木参天、遮天蔽日。印象最深的是一棵直径1米左右的桂花树，农历八月，桂花盛开，满树金黄，数里飘香，也许是我们离桂花树太近，也许是小孩子的嗅觉过于灵敏，香得我们有时会感到有那么一点儿不舒服。除了这棵大桂花树，其他基本上都是古柏，直径一般都在1米以上，唯独有一棵小一点的，粗细大概只有其他的一半，估计是后人补栽的，显得特别另类，即便如此，在我们小孩子看来也已经是很大的树了。我离开家乡在外生活几十年，怀旧的情感让我重回古庙参观。古庙不知何时已彻底坍塌，桂花树早已不见踪影，古柏也仅剩几棵，但似乎没有印象中那么大，而那棵稍小一点的古柏依然健在，却好像几十年来不但没有长大，反而长小了似的，就连庙前的广场和池塘都好像变小了许多，不如原来那么开阔。

当然，树是不会越长越小的，广场和池塘也不会缩小，只是因为我们自己长大了、视野开阔了而产生了错觉。

2012年年底，机械工业出版社出版了我关于期货操作方面的专著《期货投资的艺术：在不确定性中寻找确定性》，书中我把近20年的期货操作体会分享给大家，与广大期货投资者一起探讨期货投资之道，虽然有许多不足，但总的来说当时还是比较满意的，书卖得也不错，据出版方说在各大购书网站一度排名期货类书的销售第一名，而且很长一段时间都名列前茅。

多年以后，我现在再回头看自己当年写的书，不仅不满意，甚至有种"漏洞百出"的感觉，尤其是关于资金管理方面的观点，不仅肤浅，甚至有些是完全错误的。比如说我主张用控制每次交易的亏损幅度而不是单量来控制风险，因为盈利额 = 单量 × 盈利幅度，亏损额 = 单量 × 亏损幅度，若控制单量也会同时锁死盈利额度。我认为某一品种有大的投资机会时，就鼓励满仓或接近满仓操作，也可以浮盈加仓，只有这样才能获得超高回报，而且错误地认为这样操作时，只要顺着趋势并及时止损，一般不会赔大钱，更不太可能赔光。后来的操作经验和统计结果证明：在单一品种上，如果长期或经常满仓操作，即使每次都顺着技术趋势并及时止损，赔光几乎是必然的！

不管操作策略多好，获得超高回报永远是个低概率事件，运气成分所占比例远远大于操作方法本身，这就好比用1万元去博500万元只有1%的概率与用1万元去博500万元有2%的概率，虽然二者都是好方法，而且后者比前者还好，但二者博中500万元更多靠的是运气而非方法。俗语说：小富靠勤，大富靠命。长期稳定的盈利策略就是期货投资的"勤"，它让我们长期交易下来远离亏损，获得相对稳定的合理回报。这种看似盈利速度较慢的投资策略，其复利式指数级的增长效应，可以实现长期的超高回报；而对于不稳定的盈利模式来说，偶尔获得超高回报是可能的，但风险巨大，且不具有长期性和可持续性。

我曾坚定地以为，期货投资者用来投资期货的钱是其总资产的一小部分，即使全部赔光，对其生活也不会有太大影响，投资期货就是要以小博大。比如，一个拥有1亿元资产的投资者，拿出100万元投资期货，每年30%的回报，一年也就赚30万元，没什么感觉和意义，所以就应该尽可能放大杠杆，争取一年赚几百万元，甚至上千万或上亿元。事实上，高回报往往同时伴随着高风险，这种一夜暴富的操作方法，很容易赔光，极少数幸运儿暴富之后，除非再也不这样做了，否则还会以同样甚至更快的速度赔光。如上所述，导致其一夜暴富的方法不能重复，不可持续，是个极低概率事件，主要靠的是运气，几乎与策略好坏无关。遗憾的是，绝大部分一夜暴富的投资者往往把功劳归于自己的聪明才智，所以期货市场的大部分传奇犹如夏天的朝露，短暂而悲壮，而像巴菲特一样稳定盈利的真正传奇更是凤毛麟角，不是因为稳定盈利的方法太少，而是因为绝大部分期货投资者根本看不上这样的盈利，包括曾经的我。

我是中国第一批期货从业者，至今差不多30年。我设想，如果用1万元去博每年30%的收益率，按复利计算，现在应该是多少钱？不算不知道，一算吓一跳，是2620万元，是30年前的2620倍，平均每年87.3倍的回报，这就是大部分期货投资者和我曾经看不上的回报，请问世界上有多少投资能有这么高的回报？更让人充满希望的是，这样的回报或接近这样回报的投资方法不仅有，而且应该有许多，信不信由你，反正我是真的信了，而且正在努力探求中。本书的主要内容就是其中的一部分探求结果，希望对广大期货投资者有所启发。

看自己以前写的书，感觉就像长大了看小时候的大树、广场和池塘变小了一样，这是否意味着我对期货操作的认识和体会有了一丁点儿的进步？只有读者有发言权。

出版社曾希望我在上一本书的基础上进行改动出第2版，由于改动和新增加的内容实在太多，经与出版社商议决定出版一本新书，并试图验证我在期货操作方面是否真的进步了，是否真的长大了！

正所谓："命由己造，相由心生。"如果说盈亏是命、是相，那么正确的投资理念、好的投资策略和心态就是心，愿每位期货投资者都拥有一颗好的期货投资之心！

泰戈尔的《飞鸟集》中有这样一段诗句："浮世三千，吾爱有三，日月与卿。日为朝，月为暮，卿为朝朝暮暮。"我想，期货至少是我的一个卿。虽然在大学毕业工作几年后我才第一次知道什么是期货，但期货与我共同度过了人生中最宝贵的朝朝暮暮，我欠期货青梅竹马，期货送我一见钟情！

任何事情的发生都是许多因素的综合反映，包括看似偶然的事情，其实也有必然性。本书的写成也是如此，是背后许许多多人共同付出的结果，由于篇幅有限，我只能挑部分表达我发自肺腑的感激之情。感谢中国期货的先驱者、监管者和参与者，是你们创建了中国期货市场，让中国期货市场稳定、繁荣和发展，使得我国市场经济体制更加完善；感谢我公司的客户们，是你们的信任让我积累了宝贵的投资经验；感谢公司的领导和同事，是你们的帮助让我提高了工作效率；感谢出版社的领导和工作人员对我这本书的认可；感谢我的家人、朋友对我始终如一的支持。

黄圣根

2023 年 5 月

|目录|

东边日出西边雨，
道是无晴却有晴

第一章

期货投资之
策略选择

天有不测风云，人有旦夕祸福。期货价格的变化就像天气，变幻莫测，导致期货投资盈亏瞬息万变，风险无处不在；然而，也像天气可以预报，期货价格变化并非毫无规律，完全不可预测。只要我们充分利用这些规律，树立正确的投资理念，制定一套好的投资策略，并且长期坚持下去，较低风险、较高收益、稳定盈利的交易结果并非天方夜谭，是完全可以实现的，而且方法往往并不复杂，甚至简单得出人意料。千江有水千江月，就像条条大路通罗马，好的投资策略也有无数种，投资者完全可以根据自己的总结和实际情况选择适合自己的策略。如果投资者能把自己的策略进行量化处理，实现计算机全自动或半自动操作，那就会如虎添翼，既减少了大量烦琐的盯盘和统计工作，大幅度提高下单速度，又能减少投资者情绪和心态的变化对交易结果产生的不利影响。请张开你的双臂，去迎接期货投资智能时代的到来。

日式料理店的启示：不确定中的确定性

北京，亚运村，"鸟巢"东，青叶日式料理店。早上 10 点，店长小高像往常一样安排好每个人的工作，店员们就开始忙碌起来，各司其职，准备今天的午餐。除了提前预订的客人，小高的脑海里偶尔也会想起那些常来的熟客，帅哥美女，彬彬有礼，大人小孩，可敬可爱。但她极少去预测今天谁会过来吃饭，更不会去预测会带几个人来，大概点哪些菜，因为这些都是不确定的，预测也没有意义。她深深懂得，只要做好自己应该做的事情，把握好原材料和饭菜的质量，保持良好的餐厅环境以及热情周到的服务，让客人高兴而来、满意而去，餐厅每天的流水（收入）就是基本稳定的。之前由于新冠疫情这样的"黑天鹅"事件，餐厅停业了好几个月，损失不小，但也没有办法，按店主王老板的话说，做生意有赚就有赔，关键是要有良好的心态，趁这个时候做一些平常来不及做的事情，如培训员工、重新装修和彻底清理一下餐厅的环境卫生，这样就可以在形势好转、条件许可时尽快恢复经营，尽量弥补疫情带来的损失。现在餐厅又恢复了往日的兴隆，总体经营情况甚至比疫情开始前还要好一些。

在日式料理店的附近还有几家酒店、超市和银行，它们同样以不同的经营方式诠释着类似的不确定中的确定性、由偶然走向必然的过程。

由于影响期货价格变化的因素错综复杂，既有客观因素，也有主观因素；既有现在因素，也有未来因素。投资者对客观因素的认识需要过程，而主观因素和未来因素具有非常大的不确定性。这使得期货价格的变化比天气和食客的行为更难以预测，然而它又不像布朗运动⊖的颗粒那样漂浮不定，似乎完全不

⊖ 指悬浮在液体或气体中的微粒所做的永不停息的无规则运动。

可预测，而是有规律可循，只要我们掌握了期货价格变化的这些规律，制定好相应的投资策略，并长期坚持下去，就会像好饭馆的流水，盈利其实是必然的。我个人甚至认为，即使看似毫无规律可循的布朗运动其实也应该是有规律的，只是其太过复杂，目前的科学手段无法预测而已。

主人公期货黄

本书的主人公期货黄和书中提到的所有人均是为写作而虚构的人物，请不要对号入座。

期货黄从事期货交易快30年了，他的办公室离青叶日式料理店仅隔几栋楼，位于写字楼的最顶层，可以俯瞰大半个北京城。今天早上8点左右，他像往常一样来到办公室，望了一眼窗外，天空格外清澈，湛蓝湛蓝的，没有一丝云彩，真可谓"万里无云万里天"，他的心情也格外舒畅。今天的交易策略早已想好，并且编成了程序化交易挂在阿里云上，所以他成竹在胸。他打开电脑，浏览了一下他所关注交易品种的相关信息，今天盈亏与否他不是十分在意，只要电脑按交易计划操作就行了，即使连续多次亏损，他也能够镇定自若，有一种"行到水穷处，坐看云起时"的超然和洒脱。期货黄深深地懂得某一次交易是否盈利是不确定的，只有制定一套好的策略并长期坚持下去才是实现盈利的根本，才能把盈利的不确定性变成确定性，让盈利由偶然走向必然。

中午吃过午饭，期货黄靠在沙发上稍事休息。第一声春雷把他唤醒，他望望窗外，东边已大雨倾盆，西边却艳阳高照。他想起了唐代诗人刘禹锡的《竹枝词》："杨柳青青江水平，闻郎江上唱歌声。东边日出西边雨，道是无晴却有晴。"期货价格的变化就像这天气的变化，变幻莫测，却有规律可循。他回到电脑前，看着盘面不停跳动的期货价格，惊奇地发现，自己做多的品种都在上涨，做空的品种都在下跌，满屏幕跳动着盈利的微笑。期货黄会心地笑了，多年来的总结和思考似乎正在得到回报。

期货投资的主要特点

在讨论期货投资策略之前，我们先来了解一下期货投资的四个主要特点：①期限性，未来的特定期货合约，不能无限期持有；②保证金交易形成的杠杆效应，使得期货投资的风险和收益都会同比例放大，具有高风险和高收益性；③交易的双向性，既能先买后卖（做多）通过价格的上涨盈利，也可先卖后买（做空）通过价格的下跌盈利；④期货价格变化的不确定性，这从本质上决定了期货投资属于风险投资。

在期货投资的四个主要特点中，期限性一般可通过移仓的方式达到长期持有的目的；保证金交易，相当于给投资者提供了没有利息的融资方式，投资者可用也可不用，其导致的杠杆效应所带来的高风险可以通过减少资金的使用量来规避，但这样也同时减少了获得高收益的机会；期货投资交易的双向性使得交易更加灵活，带来了更多的投资机会；唯有期货价格变化的不确定性，是其本身所具有的天然属性，是所有期货投资者都无法完全回避的风险，但这种不确定性又非完全不确定，也是有规律可循的，虽然非常有限，但正是这条可部分预测的小小门缝，为各种期货投资策略的运用吹开了无数扇盈利之窗。

就像几乎没有人认为期货价格的变化是完全可以预测的一样，也几乎没有人认为期货价格的变化是完全不可预测的，关键是对可以预测的程度，不同投资者的看法相距甚远。

如果把事情分为完全可预测和完全不可预测两个极端，部分投资者认为，期货价格的变化偏向于可以完全预测的一端，认为期货价格的变化可以通过基本面和技术面等手段实现较大程度的准确预测。他们常常用"某某期货品种价格肯定要涨或肯定要跌"来描述期货价格的变化，甚至企图预测什么时候涨或什么时候跌，涨多高或跌多深。这些只有神仙（半仙都不行）才能做到的事情，当然很有诱惑力。有人就曾经炫耀自己的投资策略，说预测的准确率高达80%以上。我们把这部分投资者称为"期半仙"。对于"期半仙"，期货黄的忠告是：盈利的准确率要在盈亏标准相同时统计才有意义，千万别把运气当能耐！

也有部分投资者（包括期货黄自己）认为期货价格的变化偏向于不可预测的一端，但又并非毫无规律可循，通过基本面和技术面等手段可以提高盈利的可能性，且通过好的投资策略甚至可以实现长期相对稳定的较高收益。这是普通投资者经过不懈努力有可能实现的目标，我们称之为"期真人"。对于"期真人"，期货黄的忠告是：坚持是最好的盈利策略，该出手时就出手，不犹豫、不后悔！

还有少数投资者认为期货价格变化几乎不可预测，投资期货就像赌博一样，主要靠的是运气，期货市场就是个合法的赌场，要么一夜暴富，要么倾家荡产。我们就把他们称为"期赌徒"吧，请别生气，这是个不带任何贬损意义的称谓。对于"期赌徒"，期货黄的忠告是：量力而行，愿赌服输！

对期货价格变化不确定性的不同认识，将决定投资者的不同投资理念，进而影响其操作方法和投资风格，并最终影响其投资结果。对期货价格变化不确定性的上述三种认识，您属于哪一种？"期半仙""期真人"还是"期赌徒"？在进行期货投资之前，请君对号入座，盈亏演出马上开始！

期货价格惯性

就像运动的物体有物理惯性一样，期货价格变化也有价格惯性。长期的统计结果表明，上涨（或下跌）一定幅度之后，继续上涨（或下跌）这个幅度的可能性大于 50%。表 1-1 所示为 2015—2022 年间，几个主要交易品种设置一定点数的价格惯性，沪深 300 指数期货 30 点、黄金 3 点、螺纹钢 30 点、PTA 50 点、棉花 100 点、豆粕 20 点、天然橡胶 100 点，10 个左右交易日不同价位随机采样一次。从表 1-1 中可以看到，各品种价格惯性均大于 50%，有的还高达 60% 以上，虽然统计结果与取样点的不同，结果会有差别，但结论应该是一样的。

表 1-1 几个交易品种期货价格惯性统计

品种	沪深 300 指数期货（30 点）	黄金（3 点）	螺纹钢（30 点）	天然橡胶（100 点）	豆粕（20 点）	PTA（50 点）	棉花（100 点）
价格惯性	271/418 =64.83%	213/406 =52.46%	274/507 =54.04%	214/388 =55.15%	204/352 =58.00%	228/389 =58.61%	191/358 =53.35%

所谓因果，有因必有果，有果必有因，任何事情的发生都是各种因素综合作用的必然结果。即使一些看似偶然、不正常的事情，其实也是在某些特定条件下的正常反应和必然结果，包括所谓的"黑天鹅"事件。导致价格变化的因素有些我们能知道，有些却不好分析，甚至我们可能永远都无法知道，也不需要知道。

然而，事物的发展变化都需要一定的过程，期货价格变化也如此。期货价格之所以有惯性，可能与如下几个因素有关。

1. 商品的供求惯性

我们知道影响期货价格变化的主要因素是供求关系，供大于求价格下跌，供小于求价格上涨。供求关系的变化是需要时间的，不会今天供大于求，明天供不应求，后天又供大于求。

2. 投资者的思维惯性

期货投资者对某一商品价格上涨或下跌的判断也是有惯性的，一般不会今天看涨，明天看跌，后天又看涨。

3. 资金惯性

资金推动也是期货价格变化的重要因素，拥有资金优势的一方在交易和心理上往往有更大的主动权。期货价格上涨，多头就会盈利，资金权益就会相应增加，拥有资金和心理上的双重优势，而空头亏损，资金相应减少，资金和心理都处于劣势，显然有利于期货价格的继续上涨。相反期货价格下跌，空头盈利，资金增加，多头亏损，资金减少，有利于价格继续下跌。

4. 跟风和自我强化效应

俗话说：墙倒众人推，树倒猢狲散。一般情况下，当期货价格上涨时，看涨的投资者就会增加，并且加入做多的行列，导致价格继续上涨。相反，价格下跌时，看跌的投资者就会增加，并且加入做空的行列，导致价格继续下跌。

以上这些因素所形成的综合效应将导致期货价格上涨之后继续上涨的可能性大于下跌的可能性，下跌之后继续下跌的可能性大于上涨的可能性，直到有更加强大的力量改变它。这或许就是期货交易技术分析的三个原理之一"价格顺趋势运动"的原动力吧。

期货投资策略的五个方面

不管是什么样的期货投资策略，似乎都包含如下五个方面。

1. 交易方向的选择

这是进行期货投资的第一步，理论上说也是最关键和最重要的一步，因此，绝大部分期货投资者都非常重视交易方向的选择，在交易方向的选择上倾注了主要的精力。而我个人认为，相对于期货价格变化较大的不确定性，交易方向的选择可能并不是最重要的事情。绝大部分期货投资者之所以赔钱，往往不是做错了方向，而是做错了方向后没有及时止损控制风险，做对时没有让盈利奔跑；或者没有好的资金管理模式，没有控制好每次交易的亏损额，大起大落，没有让各次交易之间形成较好的对冲和互补；或者交易心态有问题，该进不敢进，该出不愿出。

投资者主要通过如下几个方面选择交易方向：①基本面分析；②技术面分析；③大户动向；④上面几个方面综合考虑。关于如何选择交易方向，我们将在后面第三章、第四章、第五章中做详细讨论。

2. 入市点的选择

俗话说：来得早不如来得巧，即使大的交易方向看对了，如果入市时机不好，也会导致亏损，甚至可能是大亏损。另外，止损之后如果不能及时回补头寸，也会错过大的投资机会。统计发现，不同的入市点位，在相同的盈亏标准情况下，盈利的可能性会有较大差别。

3. 出市点的选择

如何及时止损，如何让盈利奔跑，即如何选择平仓时机，不仅仅是期货投资的战术问题，也是期货投资策略中的战略问题。个人认为，其重要性甚至不亚于交易方向的选择，因为出市点选择得好，不仅能控制每次交易的风险，获得尽可能大的收益，而且能减少保证金的占用，提高资金的使用效率。

关于入市点和出市点的选择，我的另一本书《期货投资的艺术：在不确定性中寻找确定性》中有过详细论述，本书不做单独探讨，而是隐含在交易方向的选择，以及止损和回补策略之中，因为选择交易方向、止损和回补时机，同时也是在选择开仓或平仓时机。

4. 资金管理

资金管理的目标：一是控制风险，让好的投资策略有发挥作用的机会；二是充分发挥资金的效率，在严格控制风险的情况下，提高总资金的盈利能力。而这两个方面又是矛盾的，就像天平的两端，此消彼长。如何同时兼顾这两个方面？主要通过如下几个方面的努力：①通过品种拆分，把鸡蛋放在不同的篮子里，让不同交易品种间形成对冲，防止大盈大亏，平滑盈利曲线，这是实现期货投资稳定盈利的关键，是让盈利由偶然走向必然的根本途径，同时也是实现长期超高收益的基础，因为不稳定的盈利是无法实现复利式增长的；②品种拆分同时与出市点和入市点的选择合理配合，制定止损和回补策略，这样不仅控制了每次交易和总的交易风险，还能减少保证金的占用比例，提高总资金的使用效率和盈利能力，并且从另一个方面使盈利曲线更加平滑。

绝大部分投资者对资金管理重要性的认识主要基于控制风险的考虑，而我个人觉得资金管理的重要性应该同时体现在三个方面，即控制风险、稳定盈利和提高资金效率（盈利能力）。关于这一点，我们将在后面第六章、第七章中详述。

5. 心态调整

似乎做任何事情都应该保持好的心理状态，才能充分发挥出当事者的能力，让理智与情感、思想与行动始终保持一致，给自己的行动一个明确的指令，专注于当下的具体事情是好心态的具体表现。期货投资属于高风险高收益的投资方式，且价格变化具有很大的不确定性，盈亏变化往往是一念之差的事情，所以保持良好的操作心态对期货投资具有非常重要的意义，后面第八章中还将详细探讨这个问题。

好的投资策略标准

就像条条大路通罗马，通向期货投资盈利的策略也多种多样，理论上应该有无数种。那么什么样的期货投资策略是好的策略？

盈利能力和稳定性是衡量一个策略优劣的重要指标，盈利能力一般用一段时期内的回报率来衡量，比如年（平均）收益率，而盈利的稳定性可以用一定时期内总的交易结果盈利的概率、盈利年数占比、最大年亏损、最大回撤和平均回撤等指标来衡量。

影响盈利稳定性的主要因素有：胜率、盈亏比、交易频率。一定时期内，如果这三个数值相同，其总的交易结果是盈利的概率就相同。这三个因素中假定其他两个因素不变，另一个因素越大越好。比如策略甲盈利 300 万元的概率是 30%，亏损 100 万元的概率是 70%，一年只交易 1 次。策略乙盈利 3 万元的概率也是 30%，亏损 1 万元的概率也是 70%，一年交易 100 次。在不考虑手续费和滑点的情况下，甲、乙两种策略的理论盈利能力差不多，胜率和盈亏比也一样，显然策略甲盈利的不确定性要远大于策略乙，在稳定性上，策略乙要比策略甲好得多，理论上，一年内，策略甲赔 100 万元的概率高达 70%，而策略乙总的交易结果盈利的概率高达 83.69%，赔钱的概率只有 16.31%，赔 100 万元的概率几乎是 0（0.7^{100}）。当然，一旦盈利，策略甲要比策略乙多很多，一年内，策略甲盈利 300 万元的概率高达 30%，而策略乙虽然盈利的概率高达 83.69%，但盈利 300 万元的概率也几乎是 0（0.3^{100}）。显然，策略乙盈利的稳定性比策略甲要高得多。这也是期货投资的高风险和高收益的另一种表现形式，较高收益的策略，往往风险也较高，稳定性较差，而风险较小、稳定性好的策略又常常收益率较低。好的期货投资策略需要同时兼顾这两个方面，即具有较高的收益和较好的稳定性。冒大险赚大钱本身并不吃亏，而不好的投资策略往往收益率和稳定性都较差，甚至是冒大险博小钱，比如，赚点小钱就平仓、亏损就死扛的策略就属于这一类。

期货价格惯性的客观存在，决定了我们在交易时要始终选择概率大于 50% 的方向，盈利时继续持有（因为继续盈利的概率更大）、亏损时及时止损（因为继续亏损的概率更大）就成为我们进行期货交易时的必然选择。理论上，只要我们长期坚持这么做，我们就一定会盈利，盈利就会由单次或短期的偶然，变成多次和长期的必然。不过，这里有一个隐含的前提，就是期货交易是完全的零和游戏，且不存在滑点（不能在触发价位及时成交）和手续费的问题。但事实上，期货交易并非完全的零和游戏，它还有手续费和滑点等交易成本，实际上是负和游戏，交易成本的存在使得我们即使始终选择大于 50% 的方向也不一定是盈利的。另外，一定时期内，投资者用来投资期货的资金总是有限的，由于期货价格变化的不确定性始终存在，即使长期坚持下来一定盈利的策略也可能在一段时间内出现亏损，在盈利前赔得所剩无几，牺牲在黎明前的黑暗中。这就是期货投资盈利的偶然性和必然性问题。举个比较极端的例子，假如在100个签中抽，抽1次需花费1万元，其中一个签是盈利1000万元，其余99个签是亏损1万元，胜率1%，盈亏比1000，虽然抽许多次（比如1000次）后很可能总的结果是大幅盈利的，但如果你只有10万元（10次机会），在抽中1000万元之前，很可能你已经赔光，没有资金（机会）继续抽了。所以，好的期货策略，即使盈亏比很高，胜率也不能太低，除非交易频率很高，但交易频率的大幅增高，又会带来交易成本的大幅增加，这就是期货投资盈利的稳定性问题，所以就有交易策略的选择问题。

长期下来，能够盈利甚至收益率很高的策略也有很多，但到底哪种策略更好？统计和研究发现：没有一种策略适合所有行情，在任何时候都有好的表现。所以好策略的标准是相对的，我个人认为一种好的投资策略应该同时兼顾如下几个方面。

1. 具有较好的长期盈利能力

好的投资策略，虽然短期也可能会遭遇亏损，因为短期盈利具有很大的偶然性，但长期来说应该具有较好的盈利能力，也就是长期盈利的必然性。理论上其平均年回报率至少应该大于同期银行贷款利率。当然，回报率越高越好。所谓长期，也不能太长，不能"三年不开张，开张吃三年"，大部分投资，普遍都以一年作为考核期限，所以我们一般以年回报率作为长期盈利能力的考核评判指标，如果能实现季度或月度盈利也很稳定，当然更好。

突然想起一个小故事，说以前有位穷人给富人打工，他听说在象棋棋盘里第一格放2粒米，第二格放4粒米，第三格放8粒米，依此类推，到最后第64格时，全世界的米是都不够放的。受此启发，他灵机一动就跟富人说，你不用给我工钱，你只要第1年给我20斤米，第2年给我40斤米，第3年给我80斤米，依此类推就行。没想到富人爽快答应，穷人心里窃喜。头2年穷人的米不够吃，就去向亲戚朋友借，说过几年一定加倍偿还，但到了第3年赶上天灾，粮食大面积减产，亲戚朋友自己都不够吃，更没有粮食再借给他了，等不到第4年，他就活活饿死了。这说明即使有的投资策略具有非常好的长期盈利能力，但因为投资者等不起这么长时间而无法应用在实际操作中。

好的投资策略，按年计算，绝大部分年份都应该是盈利的，即使极少数年份亏损，亏损幅度也不能太大。个人认为一套好的期货投资策略，年平均回报率应该大于10%，至少70%以上年份是盈利的。具体的指标要看投资者的目标和风险承受能力，没有统一的标准。

年回报率可以用如下公式计算：

$$Y = N \times S \times P - N \times (1-S) \times K = N \times [S \times (P+K) - K]$$

式中，Y 是年理论回报率（%）；N 是 1 年中总的交易次数（交易频率）；S 是盈利次数所占百分比（胜率，%）；P 是盈利时，每次交易的平均盈利幅度（折合成保证金的回报率，%）；K 是亏损时，每次交易的平均亏损幅度（折合成保证金的回报率，%）。P/K 就是通常所说的盈亏比。把盈利幅度和亏损幅度按保证金比例折成回报率，目的是使不同品种之间（或同一品种不同价位区间）可以进行统一的横向对比和统计。

一定时期内的盈利能力，不仅取决于交易频率、盈亏比、胜率，还取决于平均盈利幅度和平均亏损幅度的大小。比如一年中，策略 A 交易 100 次，平均盈利幅度 30%，平均亏损幅度 10%，胜率 30%。策略 B 也交易 100 次，平均盈利幅度 3%，平均亏损幅度 1%，胜率 30%。显然策略 A 与策略 B 一年中的交易频率、盈亏比和胜率都是一样的，总交易结果盈利的概率都是 83.69%，而策略 A 的盈利能力会比策略 B 高很多，理论上策略 A 的盈利能力是 200%，而策略 B 的盈利能力只有 20%，策略 A 是策略 B 的 10 倍。

2. 一定时期内（比如一年）盈利的可确定性（即盈利的稳定性）应该比较高

盈利的可确定性包含以下三个方面：①盈利次数所占的比例（胜率）；②每次交易平均盈利幅度与平均亏损幅度之比（盈

亏比）；③一定时期内交易次数（交易频率）。一定时期内，这三个方面的综合效果就会形成盈利的可确定性和总交易结果的稳定性，即一定时期内总的交易结果是盈利的可能性。理论上，胜率越高，盈利的可确定性越高，但胜率较低，而盈亏比和交易频率都比较高时，盈利的可确定性也可以较高。比如胜率只有10%，若盈亏比是30，交易频率是1万次/年，1年下来，总的交易结果是盈利的概率几乎是100%，盈利基本上是确定无疑的。

好的期货投资策略往往都是充分利用期货价格惯性，亏损时及时止损，盈利时尽可能持有，所谓截断亏损，让利润奔跑就是这个意思。但这样做的结果就会导致一开始盈利的部分头寸，为追求更大的收益而转变为亏损头寸，使得胜率下降，好的投资策略胜率一般都会低于甚至远低于50%，主要通过盈亏比来实现最终盈利。但是，如果胜率太低，大部分交易都在亏损，即使盈亏比很高，但交易频率不高的话，盈利的不确定性也会增加，在没有赶上大的盈利前一直在亏损，既可能累计较大幅度亏损，也可能让投资者失去继续交易的信心，从而错过即将到来的大盈利，牺牲在黎明前的黑暗中。表1-2显示一年中不同胜率、盈亏比、交易频率情况下总的交易结果盈利的可能性。个人认为，不管盈亏比有多高，胜率最好不要低于20%，当然这还要看交易频率。如果交易频率和盈亏比都很高，胜率稍低一点也是可以接受的。但是，交易频率的提

高，又会带来交易成本的增加，即滑点和手续费对交易结果的
影响也会增加。影响期货交易盈利稳定性的三个因素：胜率、
盈亏比、交易频率。胜率的重要性更大一些，比如 A 策略胜率
为 40%，盈亏比为 2∶1（盈利 2 万，亏损 1 万），B 策略胜率
为 20%，盈亏比为 5∶1，二者理论盈利能力相同（40%×2-
60%×1=20%×5-80%×1，都是 20 万），显然策略 A 比策略 B
盈利的稳定性更高，对总交易结果盈利的可能性来说 A 策略是
90.87%，B 策略是 80.77%，高出 10% 左右，但随着交易频率
的增加（比如 1000 次），两种策略总结果盈利的可能性越来越
接近，基本上差不多，都是 100% 左右，见表 1-2。

表 1-2　不同胜率、盈亏比、交易频率下总结果盈利的可能性

胜率	盈亏比	不同交易频率下总结果盈利的可能性大小		
		1 次	100 次	1000 次
40%	2	40%	90.87%	100.00%
30%	3	30%	83.69%	99.97%
20%	5	20%	80.77%	99.65%

注：理论盈利能力一致：40%×2-60%×1=30%×3-70%×1=20%×5-80%×1。

　　综合下来，个人认为，好的期货投资策略不仅总的交易结
果是盈利的，即长期盈利是必然的，也达到一定的平均年回报
率，而且大部分年份都应该是盈利的，最好是年年都盈利，这
就是盈利的稳定性。即使亏损，年亏损的幅度应该很小，如果
是基金，不能超过该基金的最大停损线。

　　好的资金管理方法和出入市点的合理配合是实现盈利稳定
性的重要保证，这将在后面第六章、第七章中详细讨论。

3. 好的期货投资策略还要考虑到资金的使用效率，差不多相同的条件下，资金使用效率越高越好

同样多的资金可能使用效率会不同，比如 100 万元资金在相同时间内交易了 1 次和交易了 10 次，假如每次交易产生的收益都一样，显然后者的资金使用效率是前者的 10 倍。在相同收益的情况下，保证金占用越少，资金的使用效率越高。假如某一交易策略某次交易持仓时间为 20 个交易日，平仓时盈利 20%（扣除交易成本），而另一交易策略在该交易时期内交易了 10 次，假设每次交易的保证金与前面完全相同，最后平仓时总的盈利也是 20%（扣除交易成本），即二者收益相同。显然，后者的资金使用效率比前者要高，因为前者保证金一直被占用，而后者只是间歇性被占用，这就好比前者是 10 个人一直在房间里待着，而后者是 10 个人在不停进出房间，显然后者房间的可用空间更大。统计和研究发现，及时止损而后又及时回补的投资策略，虽然一段时期内交易次数有较多增加，交易成本（手续费和滑点）有所增加，但会带来如下几个方面的好处：①控制了每次交易的风险；②减少保证金的占用，提高了资金的使用效率；③盈利能力（即收益）有所提高。当然有的交易品种，扣除滑点和手续费后收益率反而会略有下降。后面我们还要具体谈到这一问题。

4. 好的投资策略还要考虑交易成本的影响

理论上，期货投资属于"零和"游戏，但事实上，交易手续费是无法避免的，尽管所占比例较小，但如果交易频率较高，加上因无法及时成交所导致的滑点影响，其对交易结果的影响往往是巨大的。滑点和手续费的影响，也是影响最终交易结果的重要因素之一，尤其是滑点的影响。

滑点和手续费的影响我们可以引入"交易成本"这个概念，交易成本越大对最终交易结果的影响越大。交易成本的大小又受如下几个因素的影响：①期货市场的整体交易规模，规模越大，可以拆分的交易品种越多，交易成本的影响越小。②所交易品种本身的流动性，这可以通过该品种每天的交易量和持仓量或主力合约的沉淀资金来衡量。流动性越好的交易品种，交易成本越低。③一次性下单的数量，投资者在某一品种或某一合约上一次性交易的单量越大，交易成本越高。④交易频率，一定时期内，交易次数越多，所累计的交易成本就越高。⑤下单速度（取决于交易的软硬件，比如网速等），下单速度越快，滑点就越小，交易成本的影响越小。⑥手续费（交易佣金）标准，不同的投资者，从经纪商那里争取到的佣金标准是不同的，佣金越高，交易成本越大。如何减少交易成本的影响？需要从以上几个方面想办法。

所以实际上，期货投资属于"负和"游戏，好的投资策略，其收益首先必须盖过交易成本的影响，才是最终的盈利。

5. 好的投资策略还要考虑到对投资者心态的要求

不同的期货投资策略对投资者心态的要求是不一样的，胜率高的策略是一般投资者都愿意选择的，而胜率低的交易策略，不仅要求投资者有足够的资金实力，还必须有较强的抗打击能力，在许多次的失败后仍能坚持自己既定的策略。

讲一个小故事：一位家长带小孩找教练去学拳击，一开始小孩老是被同伴打倒，练了一年后小孩还是时常被同伴打倒，似乎没有什么进步，家长非常不满，找教练说理，教练告诉他，一年前，小孩被打倒后都不愿意站起来再打，但现在每次被打倒，小孩都会立即爬起来接着再打，这就是巨大的进步。世界上有许多好事情不是大家不懂得其中的道理和方法，而是不能坚持，如果我们一生能够认真坚持做一件我们喜欢或对我们重要的事情，我们有很大概率会成为这一方面的顶级专家，所以说"坚持"是人类最好的品德之一。

如何寻找好的投资策略

就像把大象装进冰箱总共分三步，寻找好的投资策略也可以分如下三步。

第一步，经过交易总结、看书学习、研究统计等方式找到一种或几种长期具有较好收益的主策略。对单个交易品种来说，这样的策略其盈利过程可以不稳定，但长期来看必须具有较强的盈利能力。这一步主要是选择交易方向，许多情况下同时也是选择出入市点的时机。比如说，某一投资者对某交易品种看涨，那就开仓做多，随着行情和信息的变化，该投资者对该品种开始看跌，那就平掉原来的多单同时做空，行情和信息继续变化，该投资者对该交易品种方向又看涨，则平掉空仓的同时反向做多，依此类推。但现实是很多时候，投资者平仓的同时不一定会反向操作，从看涨到看跌或从看跌到看涨的过程中会有观望期，而且由于思维惯性，平仓之后往往会继续看涨或继续看跌。

选择交易方向的方法有许多种，有人纯粹依靠基本面信息，通过基本面分析选择交易方向，完全不管技术指标，也有人纯粹依靠各种技术指标，通过技术分析来选择交易方向，完全不顾基本面信息，因为基本面与技术面有时会不一致，相互形成干扰。而大部分投资者，主要依靠基本面信息，同时参考某些技术指标，或者主要依靠某些技术指标，同时参考基本面信息，甚至有些投资者主要依靠大机构的动向来选择交易方向。不同的投资者，可以根据自身的实际情况，选择适合自己的方法来选择交易方向，比如，有基本面信息优势的投资者可以采用基本面分析来选择交易方向。选择交易方向的方法，往往非常简单，简单到你都不敢相信。关于如何选择交易方向，我们还将在后面第三章、第四章、第五章中详细探讨。

在单一品种上无论运用哪种方法选择交易方向和出入市点，相对于所占用的保证金（类似于满仓），短期来看，这几种方法的交易结果基本上是大开大合、大盈大亏，极不稳定，这就是期货投资短期盈利的偶然性，是由期货价格变化的不确定性造成的。但只要投资策略是好的，其长期总的投资收益就会很好，这就是期货投资盈利的必然性。表1-3是按某一技术指标选择交易方向和出入市点，几个主要交易品种2011—2012年的仿真交易结果统计。该指标选择交易方向时，同时也是平老仓（如果有的话）和开新仓的点位，即平仓反向。图1-1～图1-5⊖为其中几个品种的单次交易盈亏和累计盈亏变化曲线图。

表1-3　几个主要期货交易品种2011—2012年按某一技术指标选择交易方向和出入市点的盈亏结果统计

沪深300	黄金	螺纹钢	天然橡胶	PTA	豆粕	棉花	棕榈油	铝
−30.8%	−22.3%	−14.6%	**116.5%**	−17.4%	**42.5%**	**102.2%**	**46.2%**	5.7%
32.1%	−22.9%	−23.3%	−9.2%	**97.5%**	−11.3%	**79.3%**	−23.1%	5.9%
−31.1%	**30.1%**	22.8%	−36.3%	69.6%	−7.0%	**−69.1%**	**−60.9%**	−12.7%
17.0%	−16.6%	−7.6%	95.3%	−35.9%	46.2%	22.0%	**−59.6%**	18.7%
−14.3%	7.9%	−1.3%	−43.1%	−26.7%	−24.5%	**76.9%**	**−38.5%**	−19.5%
−11.7%	4.7%	32.8%	−33.9%	56.9%	−20.8%	**120.8%**	12.0%	−19.5%
−21.8%	−0.8%	−17.4%	−49.3%	95.7%	21.2%	**−30.6%**	−15.9%	−5.9%
0.2%	−17.4%	−2.6%	64.8%	−13.7%	0.9%	−10.8%	−26.6%	12.8%
−25.2%	13.2%	−0.3%	−35.7%	−37.9%	5.9%	−12.5%	−9.8%	−14.3%
26.1%	11.7%	0.1%	23.5%	3.5%	−8.4%	**153.7%**	−18.1%	3.5%
46.0%	−9.5%	−7.9%	**−45.3%**	16.1%	−3.4%	5.5%	−2.5%	**33.1%**
−31.3%	−7.5%	−9.6%	**−51.2%**	−2.9%	−4.9%	−21.3%	−7.9%	**−32.0%**
20.7%	2.9%	16.9%	21.3%	**85.2%**	38.6%	−8.3%	8.5%	−26.2%
−17.2%	−4.6%	−6.4%	−17.1%	−9.9%	−8.9%	−17.0%	6.6%	−2.0%

⊖　特别说明：本书所有图表中的统计数据是按如下方式得到的。①不同品种、不同交易，假设每次交易的保证金是基本相同的。②盈亏点数按所用保证金比例折合成盈亏幅度，即回报率，便于不同品种或同一品种不同价位区间进行横向和纵向对比。其中股指保证金比例为15%，国债为2%，其他品种一般为10%。③除特别说明外，交易结果考虑了滑点和手续费的影响，每次交易股指滑点为1.6点，其他品种一般为4个最小波动价位，手续费费率为1.5‰，每次交易，滑点和手续费合计（交易成本）一般为交易保证金的1%～2%。

（续）

沪深300	黄金	螺纹钢	天然橡胶	PTA	豆粕	棉花	棕榈油	铝
60.6%	−12.8%	22.8%	**37.5%**	−8.4%	14.7%	**66.0%**	−7.4%	**54.6%**
16.0%	−26.6%	−1.9%	−6.6%	**190.1%**	−6.9%	−16.1%	−22.7%	19.6%
55.3%	−26.5%	6.5%	**306.1%**	−103.3%	6.3%	−6.9%	16.6%	−19.7%
−45.7%	19.7%	16.0%	−48.5%	−131.9%	22.0%	10.4%	−17.4%	1.6%
−11.2%	**155.6%**	**177.2%**	−45.7%	−38.1%	**83.8%**	31.3%	−21.3%	−19.4%
11.2%	−20.8%	**−51.3%**	−59.6%	−49.4%	−19.4%	−7.6%	−5.3%	16.9%
70.7%	26.9%	23.2%	−30.4%	−6.8%	**−39.6%**	0.6%	**114.3%**	−17.5%
−9.4%	**86.6%**	**−39.8%**	−57.6%	91.0%	27.2%	19.5%	**−37.8%**	1.9%
19.7%	**−48.2%**	**−56.0%**	84.0%	−9.2%	23.7%	−10.6%	6.8%	1.9%
5.1%	9.0%	−30.6%	−3.9%	−6.8%	−7.0%	−4.5%	**−49.7%**	20.6%
9.9%	1.8%	−21.8%	21.4%	10.8%	20.5%	−15.4%	−2.6%	−17.6%
−2.7%	**72.0%**	−0.3%	−28.9%	−10.8%	−14.6%	**100.1%**	−29.3%	−19.1%
6.6%	−19.5%	−9.9%	4.3%	**58.3%**	−12.8%	20.1%	−1.3%	1.9%
5.1%	13.0%	−21.3%	**121.3%**	**120.6%**	26.5%	−10.4%	28.4%	7.5%
−17.2%	**32.2%**	18.9%	**48.6%**	−41.4%	**42.7%**	−3.2%	**38.7%**	15.3%
−1.7%	−7.5%	−16.6%	−28.3%	21.5%	**47.5%**	−19.1%	21.3%	19.5%
2.6%	−14.8%	22.5%	11.7%	22.8%	−2.7%	−7.5%	−9.2%	−15.9%
41.9%	−27.7%	**−30.4%**	−24.5%	−16.8%	19.2%	−10.6%	**91.5%**	15.1%
32.0%	22.7%	5.5%	**73.6%**	−0.6%	−3.3%	8.1%	**45.4%**	−10.2%
−5.4%	13.4%	−6.5%	**−39.1%**	9.3%	18.6%	−14.8%	**−48.7%**	6.5%
−45.2%	−9.0%	−15.0%	**64.7%**	11.5%	**116.2%**	−4.9%	5.2%	10.7%
−2.1%	−13.1%	−17.1%	28.3%	**85.0%**	**−66.2%**	20.6%	−16.0%	−5.8%
−35.0%	35.6%	−3.5%	**−38.2%**		**−44.7%**	−6.6%	17.7%	5.2%
−27.8%	**−32.3%**	55.7%	−20.8%		−8.5%	−4.5%	−15.0%	
24.6%	4.4%	−12.3%	−26.1%		**49.4%**		−6.1%	
−13.4%	**−34.6%**	−0.5%	6.9%		34.1%		33.5%	
43.4%	−11.2%	−11.5%			25.6%		88.1%	
	−13.7%	**70.5%**			−10.3%		**124.6%**	
	9.7%	**34.6%**			**−50.6%**		−31.3%	
	80.4%	28.2%			37.9%		−3.5%	
	−14.1%	−13.7%			**−35.1%**			
	19.5%	**45.5%**			28.0%			
	7.0%	−20.6%			−4.2%			
	−11.8%	−22.8%						

（续）

沪深 300	黄金	螺纹钢	天然橡胶	PTA	豆粕	棉花	棕榈油	铝
	1.4%	-15.2%						
	39.5%	2.2%						
		56.4%						
合计 146.6%	合计 275.1%	合计 148.7%	合计 350.5%	合计 477.5%	合计 384.1%	合计 524.8%	合计 117.9%	合计 21.2%

注：统计结果扣除了滑点和手续费（交易成本）。

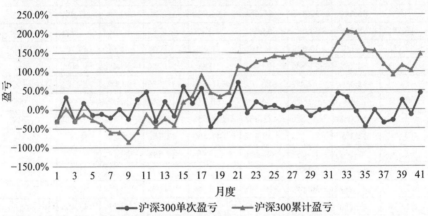

图 1-1 沪深 300 指数交易盈亏曲线图

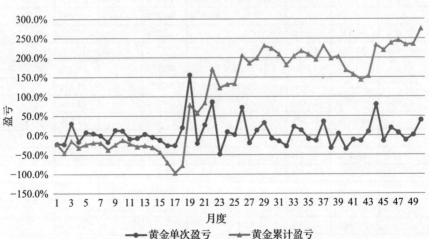

图 1-2 黄金交易盈亏曲线图

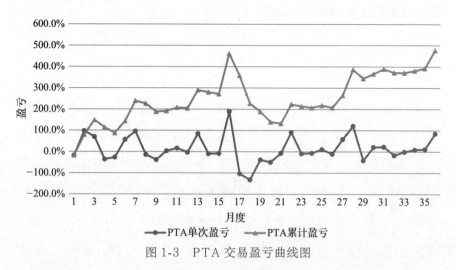

图 1-3　PTA 交易盈亏曲线图

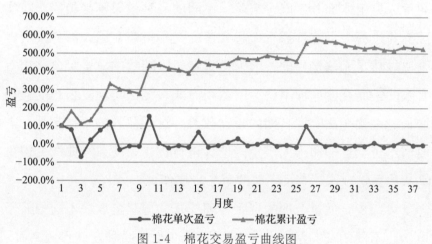

图 1-4　棉花交易盈亏曲线图

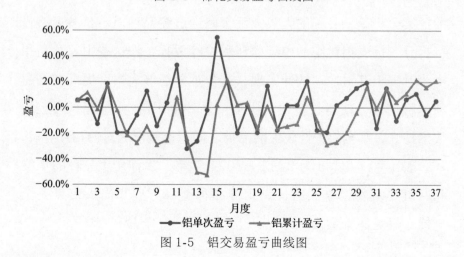

图 1-5　铝交易盈亏曲线图

从表 1-3 和图 1-1 ～图 1-5 可以看出，虽然每一次交易的盈亏具有很大的不确定性和偶然性，但这两年各品种总的交易结果却都是盈利的，具有长期盈利的确定性和必然性，有的品种盈利还非常可观，扣除滑点和手续费的影响，理论回报率有的高达 524.8%，而几乎所有品种的盈利都是在大盈大亏中累计的，其中单次交易盈亏大于 30% 的就有许多次，甚至达到 100% 以上的盈亏，见粗体部分，同一策略，不同的品种效果不尽相同。在实际交易过程中，这种盈亏大起大落的交易策略对绝大部分投资者来说显然是无法接受的，因为投资者投入期货的总资金总是相对有限的，而且，这种不稳定的盈利方式，无法实现复利式的盈利增长，也就无法实现长期的超高收益。这种盈利的不稳定性，需要通过资金管理和出入市点的选择进行优化，使盈亏曲线变得更平滑和稳定，这就有了下面的第二步操作。

第二步，通过合理的资金管理模式，把鸡蛋放在不同的篮子里，让不同的交易品种，尤其是相关性小的品种之间形成对冲，即把第一步单一品种的大盈大亏策略通过多品种而不是多策略进行拆分，拆成相对小的中等盈利和中等亏损，让这些中等盈利和中等亏损相互对冲。统计发现，这步拆分能够大幅度提高交易盈利的稳定性，使得收益曲线比单一品种要平滑得多。品种越多，效果越好，甚至相关性较大的品种之间，也能形成对冲和互补。

表 1-4、表 1-5 为 2011—2021 年单一品种和多品种的年度和月度仿真交易结果对比，相同品种交易方向和出入市点完全一样，只是保证金由单一品种平均分配到 9 个品种。

表 1-4　2011—2021 年按某一技术指标做多或做空，单一品种和多品种盈利的稳定性对比

品种	交易次数	盈利次数	胜率	平均盈利幅度	平均亏损幅度	盈亏比	年总的交易结果盈利的概率	最大单次盈利幅度	最大单次亏损幅度	盈利年数占比	最大年度盈利幅度	最大年度亏损幅度	平均年度理论回报率
沪深300	226	105	46.46%	28.80%	18.60%	1.55	69.21%	167.30%	70.10%	9/11=82%	293.70%	189.80%	70.90%
黄金	281	127	45.20%	23.20%	15.40%	1.51	67.96%	155.60%	102.10%	7/11=64%	205.40%	72.90%	51.30%
螺纹钢	276	119	43.12%	42.30%	24.50%	1.73	69.02%	249.90%	91.70%	10/11=91%	606.60%	159.60%	108.20%
天然橡胶	231	99	42.86%	56.10%	36.60%	1.53	58.81%	306.10%	99.10%	7/11=64%	303.10%	193.50%	65.20%
PTA	221	100	45.25%	46.40%	25.80%	1.8	74.80%	302.40%	131.90%	8/11=73%	451.30%	146.60%	138.80%
豆粕	281	116	41.28%	30.90%	19.10%	1.62	67.42%	147.20%	81.10%	7/11=64%	206.30%	173.40%	38.30%
棉花	225	93	41.33%	36.30%	18.40%	1.97	77.80%	226.00%	95.80%	9/11=82%	444.30%	244.90%	86.90%
棕榈油	230	96	41.74%	44.20%	26.00%	1.7	71.70%	162.10%	137.80%	7/11=64%	464.50%	215.90%	68.50%
铝	217	107	49.31%	29.90%	18.90%	1.58	84.82%	152.50%	87.30%	9/11=82%	410.20%	105.60%	101.10%
多品种	2188	962	43.97%	4.11%	2.50%	1.64	95.81%	34.01%	15.31%	10/11=91%	152.63%	0.67%	81.02%

注：统计结果扣除了滑点和手续费（交易成本）。

表1-5 2011—2021年按某一技术指标做多或空，单一品种和多品种月度仿真交易结果对比

品种	交易月数	盈利月数	月度胜率	月度平均盈利幅度	月度平均亏损幅度	月度盈亏比	最大月度盈利幅度	最大月度亏损幅度	盈利年数占比	最大年度盈利幅度	最大年度亏损幅度	平均年度理论回报率	平均理论回撤	最大回撤
沪深300	132	76	57.58%	29.50%	26.10%	1.11	167.30%	109.20%	9/11=82%	293.70%	189.80%	70.90%	85.30%	231.40%
黄金	132	68	51.52%	28.80%	21.80%	1.32	155.60%	113.10%	7/11=64%	205.40%	72.90%	51.30%	60.80%	241.00%
螺纹钢	132	70	53.03%	54.60%	42.40%	1.29	249.90%	171.00%	10/11=91%	606.60%	159.60%	108.20%	131.30%	275.80%
天然橡胶	132	69	52.27%	66.00%	60.90%	1.08	306.10%	221.20%	7/11=64%	303.10%	193.50%	65.20%	145.30%	585.50%
PTA	132	75	56.82%	53.60%	43.70%	1.23	302.40%	273.20%	8/11=73%	451.30%	146.60%	138.80%	137.50%	329.40%
豆粕	132	73	55.30%	37.30%	39.00%	0.96	147.20%	177.20%	7/11=64%	206.30%	173.40%	38.30%	150.40%	525.40%
棉花	132	69	52.27%	40.00%	28.60%	1.4	185.60%	113.80%	9/11=82%	444.30%	244.90%	86.90%	67.10%	442.40%
棕榈油	132	77	58.33%	43.70%	47.50%	0.92	162.10%	147.20%	7/11=64%	464.50%	215.90%	68.50%	145.40%	408.80%
铝	132	75	56.82%	36.00%	27.80%	0.92	126.20%	110.90%	9/11=82%	410.20%	105.60%	101.10%	73.30%	212.70%
多品种	132	78	59.09%	20.40%	12.90%	1.58	123.20%	54.70%	10/11=91%	152.63%	0.67%	81.02%	25.50%（5.1%）	82.20%（26.3%）

注：统计结果扣除了滑点和手续费（交易成本），括号中的平均回撤和最大回撤为基金统计意义上的回撤。

　　统计结果显示：在保持 9 个品种年平均盈利能力 81.02%
的情况下，把资金分散到多个品种上比将资金投在单一品种上，
各项指标都有明显改善，大幅度提高了盈利的稳定性，年总的
交易结果盈利的概率由平均 71.28% 大幅提高到 95.81%，月度
胜率由平均 54.88% 提高到 59.09%，月度盈亏比由平均 1.14
提高到 1.58，最大月度亏损幅度由平均 159.6% 降至 54.7%，
盈利年数占比由平均 74% 提高到 91%，最大年度亏损幅度更
是由平均 166.91% 大幅降到 0.67%，所观察到的平均理论回撤
（相对于占用保证金）由 110.71% 大幅降至 25.5%，最大回撤也
由平均 361.38% 降到 82.2%。统计结果还发现，即使相关性比
较高的品种相互之间也能产生一定的对冲，也能提高盈利的稳
定性。由于不同品种走势特点或价格波动频率不同，它们之间
会形成对冲，相当于在一定时期内，在盈亏比、胜率、交易成
本基本不变的情况下，变相大幅度提高了交易频率。详情请看
后面第六章的有关内容，这里暂时不做详细讨论。

　　图 1-6、图 1-7 分别为 2011—2021 年螺纹钢、沪深 300
指数和多品种（9 个）月度盈亏对比。可以看出，多品种的盈
亏变化幅度明显小于单品种。图 1-8、图 1-9 则分别为 2011—
2021 年螺纹钢、沪深 300 指数与多品种的月度累计盈亏对
比。可以看出，多品种的月度累计盈亏（收益曲线）比单品种的
月度累计盈亏（收益曲线）明显要平滑得多，也就是说收益更
稳定。

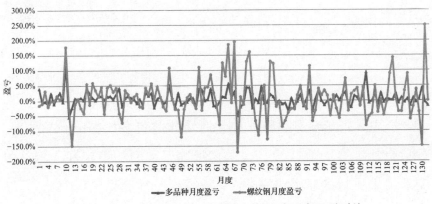

图 1-6　2011—2021 年螺纹钢和多品种月度盈亏对比

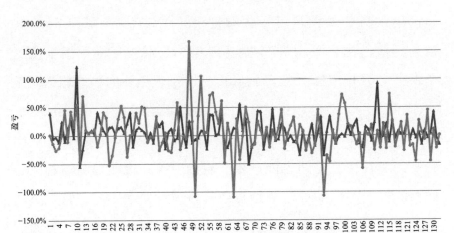

图 1-7　2011—2021 年沪深 300 指数和多品种月度盈亏对比

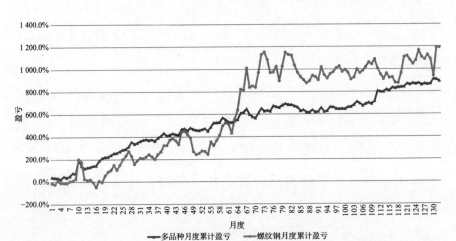

图 1-8　2011—2021 年螺纹钢和多品种月度累计盈亏（收益曲线）对比

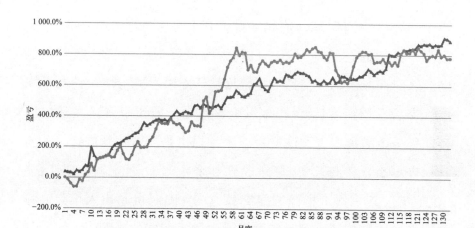

图 1-9　2011—2021 年沪深 300 指数和多品种月度累计盈亏（收
　　　　益曲线）对比

把鸡蛋放在不同的篮子里，把资金分散到不同的品种上，就能大幅度提高期货投资盈利的稳定性，而且品种越分散，稳定性越好。其方法如此简单，其结果如此之好，完全出乎我的意料，我不禁产生"众里寻他千百度，蓦然回首，那人却在，灯火阑珊处"之感！

另外，运用技术分析方法比较容易将资金分散到不同的交易品种上，而运用基本面分析就比较难，因为绝大部分投资者很难在各个交易品种上都有明显的信息优势，所以采用基本面分析，就比较难实现多品种对冲。

第三步，虽然把资金分散到不同品种上，通过品种间的相互对冲，能够大幅度提高盈利的稳定性，但由于没有设置一定的止损幅度，从涨势做多，到跌势平多仓并反向做空，再到涨势平空仓且反向做多，依此类推，在此期间可能的亏损幅度会很大，虽然通过品种拆分，已经大幅度降低了亏损的幅度，但仍会遇到许多次单次交易亏损幅度达 5% 以上的行情，甚至可能单次交易亏损幅度达到 15% 以上，作为一般投资者，尤其是投资期货基金的投资者，这样的单次亏损也是无法接受的。

表 1-6 为将资金平均分散到 9 个主要交易品种，2011—2021 年按某一技术指标选择交易方向（同时也是出入市点）的仿真交易结果统计，同时考虑了滑点和手续费的影响。

表 1-6　资金平均分散到 9 个主要交易品种，按某一技术指标选择交易方向（同时也是出入市点）的仿真交易结果统计

年份	交易次数	胜率	平均盈利幅度	平均亏损幅度	盈亏比	最大单次盈利幅度	最大单次亏损幅度	年度理论回报率
2011	198	42.93%	4.88%	2.61%	1.87	34.01%	14.66%	119.16%
2012	186	49.46%	3.61%	1.91%	1.89	13.84%	7.36%	152.63%
2013	193	49.74%	2.96%	1.98%	1.49	19.68%	7.93%	91.88%
2014	192	46.88%	3.92%	2.32%	1.69	18.59%	8.71%	115.71%
2015	196	42.35%	4.38%	2.58%	1.70	12.87%	10.74%	72.84%
2016	198	41.92%	5.41%	3.04%	1.79	21.66%	10.64%	99.12%
2017	204	42.16%	3.73%	2.62%	1.42	25.79%	11.01%	11.36%
2018	213	38.50%	3.73%	2.34%	1.59	33.60%	9.48%	−0.67%
2019	205	41.95%	3.19%	1.99%	1.6	11.97%	5.91%	37.74%
2020	197	43.65%	4.99%	2.57%	1.94	27.70%	11.34%	144.01%
2021	206	45.15%	4.62%	3.38%	1.37	27.77%	15.31%	47.47%
合计 **2188**	平均 **44.06%**	平均 **4.13%**	平均 **2.50%**	平均 **1.67**	最大 **34.01%**	最大 **15.31%**	平均 **81.02%**

注：统计结果扣除了滑点和手续费（交易成本）。

统计结果显示，即使把资金平均分散到 9 个主要交易品种上，几乎所有年份单次交易的最大亏损幅度都接近或大于 10%。

单次交易的平均亏损幅度也在 2.5%，单次交易的风险处于不可控状态，如果遇到连续多次亏损就很有可能触发基金的停损，由于资金不是做多就是做空，保证金一直被占用，资金的使用效率也会相对较低。

于是就有必要设置一定的止损幅度，将一次较大的亏损拆分成几次较小的亏损，同时制定相应的头寸回补策略，在交易方向不变的情况下，将止损的头寸及时补回来，达到只进一步拆分亏损幅度，而保持盈利幅度的目的。这就好像给盈亏设置了一个过滤器，让较大盈利通过，将较大亏损通过设置一定幅度的止损和回补，过滤（拆分）成较小的亏损。这样做，既控制了单次交易的风险，还有可能增加盈利，同时提高资金的使用效率和盈利的稳定性。

表 1-7 为不考虑滑点和手续费的影响，交易方向完全相同的情况下，设置一定止损幅度和回补策略（有过滤器）与不设置一定止损幅度（无过滤器）的交易结果对比，有过滤器时，虽然盈利次数所占比例即胜率会大幅度下降，由 45.57% 降至 24.01%，但由于交易次数（交易频率）增加，是无过滤器的 2.28 倍，这样的影响是完全可以忽略的。重要的是，有过滤器比无过滤器，不仅将每次交易的风险控制在一个相对较小的范围，而且盈亏比会大幅度上升，由 1.74 大幅度上升至 4.86，同时换来了每次交易平均亏损幅度的大幅下降，由平均亏损 2.41% 大幅下降至 0.87%，而每次交易平均盈利幅度并没有因

此而下降，甚至还略有上升，由每次交易平均盈利幅度 4.15%，上升至 4.22%。11 年间在最大单次交易盈利 34.11% 不变时，最大单次交易亏损由 15.16% 降至 6.27%，平均年回报率也由 111.66% 升至 143.03%，也就是说在交易方向不变时，止损之后再回补的价位比一直持有的价位要好。另外，在止损和回补之间，会有时间差，单一品种虽然很短，但品种比较多时，会长期沉淀出一部分资金，使总的保证金占用减少，可用保证金增加，从而提高总资金使用效率。其原理就好比原来房间里一直坐着 10 个人，现在变成 10 个人进进出出，显然，有人进进出出比 10 个人一直待在房间里，房间更宽敞，更不拥挤。

表 1-7　资金平均分散到 9 个主要交易品种，按某一技术指标做多或做空，有过滤器和无过滤器两种策略交易结果对比（不考虑滑点和手续费）

策略	年份	交易次数	胜率	平均盈利幅度	平均亏损幅度	盈亏比	最大单次盈利幅度	最大单次亏损幅度	年度理论回报率
无过滤器	2011	198	44.44%	4.82%	2.57%	1.88	34.11%	14.51%	142.70%
有过滤器	2011	466	22.75%	4.86%	0.86%	5.65	34.11%	4.96%	206.08%
无过滤器	2012	186	51.08%	3.62%	1.84%	1.97	14.01%	7.22%	176.76%
有过滤器	2012	331	33.23%	3.60%	0.92%	3.91	14.46%	4.31%	191.31%
无过滤器	2013	193	50.78%	3.03%	1.88%	1.61	19.82%	7.79%	118.97%
有过滤器	2013	388	29.12%	3.10%	0.83%	3.73	19.82%	2.59%	122.42%
无过滤器	2014	192	50.00%	3.82%	2.31%	1.65	18.63%	8.52%	145.90%
有过滤器	2014	375	27.73%	4.02%	0.88%	4.57	19.01%	3.54%	180.46%
无过滤器	2015	196	42.86%	4.51%	2.41%	1.87	13.07%	10.56%	108.61%
有过滤器	2015	422	23.70%	4.50%	0.96%	4.69	14.11%	3.03%	141.69%
无过滤器	2016	198	43.43%	5.40%	2.94%	1.84	21.88%	10.47%	134.91%
有过滤器	2016	508	20.87%	5.27%	0.97%	5.43	21.88%	2.20%	168.49%

（续）

策略	年份	交易次数	胜率	平均盈利幅度	平均亏损幅度	盈亏比	最大单次盈利幅度	最大单次亏损幅度	年度理论回报率
无过滤器	2017	204	43.63%	3.76%	2.53%	1.49	25.96%	10.86%	43.32%
有过滤器	2017	511	19.77%	4.11%	0.82%	5.01	26.01%	2.06%	79.17%
无过滤器	2018	213	40.85%	3.67%	2.27%	1.62	33.77%	9.27%	32.64%
有过滤器	2018	466	21.46%	3.74%	0.83%	4.51	33.77%	5.90%	68.59%
无过滤器	2019	205	43.41%	3.24%	1.88%	1.72	12.16%	5.74%	71.32%
有过滤器	2019	390	26.41%	3.20%	0.87%	3.68	13.58%	2.18%	80.07%
无过滤器	2020	197	43.65%	5.16%	2.40%	2.15	27.94%	11.24%	177.09%
有过滤器	2020	447	22.60%	5.14%	0.94%	5.47	27.94%	6.27%	192.57%
无过滤器	2021	206	47.09%	4.57%	3.37%	1.36	27.89%	15.16%	76.01%
有过滤器	2021	691	16.50%	4.89%	0.72%	6.79	28.39%	2.20%	142.53%
无过滤器		合计**2188**	平均**45.57%**	平均**4.15%**	平均**2.41%**	平均**1.74**	最大**34.11%**	最大**15.16%**	平均**111.66%**
有过滤器		合计**4995**	平均**24.01%**	平均**4.22%**	平均**0.87%**	平均**4.86**	最大**34.11%**	最大**6.27%**	平均**143.03%**

注：统计结果没有扣除滑点和手续费（交易成本）。

　　所带来的缺点是，交易频率的增加会产生滑点和手续费的影响，所以需要制定适合的止损和回补策略。上面是不考虑滑点和手续费影响的结果，实际交易过程中，滑点和手续费是不可避免的，只是多少不同而已，详情见第七章相关内容。

　　总之，通过如下三个步骤制定投资策略。第一步，通过基本面和技术面等方法，确定各品种的交易方向。这一步的特点是，短期盈利具有很大的不确定性和偶然性，而长期盈利却是必然和确定的。第二步，通过同时交易多个品种，让各品种间形成对冲，使得交易结果更加平稳，盈利的稳定性明显提高，收益曲线更加平滑。这一步的特点是，不仅长期盈利是必然的，而且盈利的稳定性也有大幅度提高。第三步，通过制定止损和回补策略（风险过滤器），控制每次交易的风险，提高资金使用效率，增加收益。这一步的特点是，严格控制每次交易的风险，不仅长期盈利是必然的，而且盈利的稳定性在第二步的基础上进一步提高，同时，资金的使用效率和盈利能力都会有所增强。

通过这三个方面的长期总结，期货黄似乎找到了适合自己稳定盈利的投资策略，不但非常简单，效果还非常理想，至少目前是这样，既在他的意料之中，也在他的意料之外。

关于回撤的几点说明

从表 1-5 中的平均回撤和最大回撤数据可以看到，虽然在把资金分散到多个品种后，对比单一品种，平均回撤和最大回撤都有大幅度降低，只有单一品种平均值的 1/4 左右，但似乎仍然较高，平均回撤为 25.5%，最大回撤为 82.2%，这对于普通期货投资者和投资机构，尤其是基金来说，是无法承受的调整，在这里需要特别进行说明。

（1）表 1-5 中的数据是假定总资金不变且满仓的情况下，在总权益创新高前，相对于所用保证金的平均回撤和最大回撤。但普通投资者，尤其是基金等专业期货投资机构，一般不会满仓操作，假设每次所用保证金为总资金的 40%，那么平均回撤就降为总资金的 10.2%，最大回撤就降为 32.9%，总资金的平均年回报率也从 81.02% 降为 32.41%。

（2）表 1-5 中的平均回撤和最大回撤不是基金业绩考核指标意义上的回撤，比如一只 1000 万元的基金，用 500 万元保证金进行交易，假设一开始盈利 1000 万元，后面又赔了 500 万元，按表 1-5 中的统计方法就是回撤 100%，而按基金统计方法就是回撤 25%。另外，一开始交易就遇上最大回撤的概率也不是很大，但有这种可能。在上述假设中，用 500 万元保证金进行交易，一开始交易就亏损 500 万元，按表 1-5 中的统计方法还是回撤 100%，而按基金统计方法回撤就变成 50%。所以，按基金统计方法，表中平均回撤和最大回撤都要小很多，见表 1-5 括号中数据。

（3）在 11 年间观察到的大部分回撤都比较小，大的回撤只有很少的一两次，见表 1-8，而且一开始交易就遇上最大回撤的概率则更低，但不能完全排除。

表 1-8　多品种（4 种）情形下，权益创新高前的回撤数据统计

不考虑交易成本，无过滤器	不考虑交易成本，有过滤器	考虑交易成本，无过滤器	考虑交易成本，有过滤器
12.5%	7.8%	18.0%	13.2%
7.4%	8.7%	10.0%	13.6%
1.8%	38.3%	3.6%	3.5%
73.3%	5.0%	**78.0%**	**53.4%**
16.9%	6.8%	19.0%	10.6%
6.1%	11.0%	14.7%	25.4%
9.5%	10.0%	22.6%	17.6%

（续）

不考虑交易成本，无过滤器	不考虑交易成本，有过滤器	考虑交易成本，无过滤器	考虑交易成本，有过滤器
19.4%	11.4%	19.7%	5.1%
7.1%	2.4%	29.4%	19.8%
16.3%	0.1%	40.7%	18.3%
14.2%	27.3%	**82.2%**	10.1%
19.4%	**48.3%**	25.1%	45.7%
30.0%	13.6%	15.2%	3.7%
72.2%	7.6%	76.5%	**77.2%**
21.0%	36.3%	35.4%	24.5%
9.7%	18.2%	8.3%	23.1%
54.2%	5.1%	11.1%	**87.0%**
11.4%	23.5%	4.7%	16.9%
29.5%	10.1%	7.3%	15.5%
6.4%	5.5%	4.3%	4.1%
4.7%	7.5%	15.5%	2.1%
7.7%	7.6%	20.2%	17.2%
1.1%	6.0%		24.6%
4.3%			
2.1%			
12.8%			
15.4%			
平均回撤：18.0%	平均回撤：13.8%	平均回撤：25.5%	平均回撤：23.1%
最大回撤：72.2%	最大回撤：48.3%	最大回撤：82.2%	最大回撤：87.0%

（4）表1-5所统计的回撤考虑了交易成本的影响，每次交易约为保证金的1.5%左右，且没有设置一定止损幅度和回补策略（过滤器），如果设置了过滤器，且考虑成本又没有那么高，其回撤数据还会继续大幅下降。图1-10为设置过滤器、不考虑交易成本和设置过滤器、考虑交易成本的回撤数据对比

图，平均回撤由 23.1% 下降至 13.8%，最大回撤由 87.0% 降至
48.3%，假设每次所用保证金为总资金的 40%，那么平均回撤
就降为总资金的 5.52%，最大回撤就降为 19.32%。

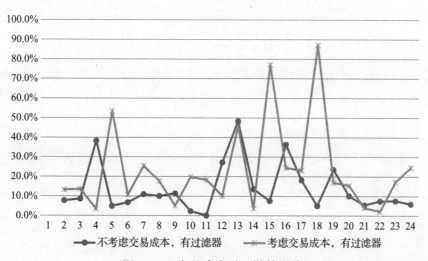

图 1-10　交易成本对回撤的影响

慢方法也能实现超高收益

就像罗大佑的歌词中唱的："野百合也有春天"，每年回报
率不是很高的投资策略也能实现长期的超高收益。实现超高收
益是每一位期货投资者所追求的目标，一夜暴富式的方法是实
现这个目标的方法之一，但它主要靠的是运气，是不可持续与
不能复制的。而好的期货投资策略，不仅可以实现超高收益，
而且可持续、可复制。虽然这样的策略看起来每年的回报率并

不是非常高，但其长期积累的收益却是惊人的。比如每年30%的回报率是许多期货投资者都看不上的，可其10年的累计回报则是13.8倍，相当于每年平均1.38倍的收益，即138%的回报，已经非常可观了，但还有投资者会觉得这样的策略慢，那么30年的累计回报高达2620倍，平均每年87.3倍的回报，100万元30年变成了26.2亿元，你还会觉得慢吗？我不知道还有多少投资能有这么高的收益。

但是，要实现这种复利式指数级的增长，其盈利必须是稳定或基本稳定的，如果盈利不是稳定的，即使平均每年的回报率是30%，也无法实现超高收益，表1-9为期货黄所总结的投资策略，如果每次应用资金的40%（见上面表1-6相关数据），各年的回报率和11年的累计收益，同时对比完全稳定盈利和不稳定盈利两种情况，虽然这三种情形，平均年回报率几乎相同，在32%左右，但累计收益率却大相径庭。经过11年，完全稳定盈利策略的累计收益是21.73倍，而不稳定盈利策略的累计收益只有1.95倍，期货黄的策略与理论上完全稳定盈利策略的累计收益虽然也有差别，但已经非常接近，是19.11倍，这是因为他的策略盈利是基本稳定的，虽然11年间回报率不尽相同，有的年份还赔钱，但绝大部分年份都是盈利的，只有1年亏损，而且亏损的幅度还非常小。做到完全稳定盈利不是没有可能，而是非常难，不太现实。

表 1-9　三种盈利模式下各年的盈利情况和累计收益

年份	完全稳定盈利模式回报率	基本稳定盈利模式回报率	不稳定盈利模式（假定）回报率
2011	32.30%	47.60%	100.00%
2012	32.30%	60.80%	−40.00%
2013	32.30%	36.80%	200.00%
2014	32.30%	46.30%	−70.00%
2015	32.30%	28.80%	90.00%
2016	32.30%	39.60%	−50.00%
2017	32.30%	4.40%	120.00%
2018	32.30%	−0.27%	−40.00%
2019	32.30%	14.80%	60.00%
2020	32.30%	57.60%	0.00%
2021	32.30%	18.80%	−10.00%
年平均回报率	32.30%	32.30%	32.70%
11 年累计收益（倍数）	**21.73 倍**	**19.11 倍**	**1.95 倍**

注：基本稳定盈利模式为期货黄总结策略在资金运用为 40% 时的统计数据，回报率为总资金的回报率，而不是所用保证金的回报率，所用保证金的回报率还要高许多。完全稳定盈利模式和不稳定盈利模式数据均为假设数据。

　　完全稳定盈利或者基本稳定盈利是实现超高收益的前提，长期来说，要想实现超高收益，其投资策略盈利必须是完全稳定或基本稳定的，而不能是那种三年不开张，开张吃三年的策略。本书的重点就是要寻找好的投资策略，实现稳定盈利，让盈利从不确定的偶然性变成基本稳定的必然性，并依此方法去实现期货投资长期的超高收益。

　　有诗云："手把青秧插满田，低头便见水中天。六根清净方为道，退步原来是向前。"期货黄说：好的期货投资策略，往往是以牺牲胜率，提高盈亏比换来的，在实际操作上表现为亏损及时止损，盈利尽可能持有，这样就会导致不少一开始盈利的头寸转变为亏损，并因触发止损而平仓，但这种以退为进的策略却换来了最终的盈利。把资金满仓或接近满仓压在单个品种上，虽然每次交易回报率可能非常高，但风险也很大，具有很大的不确定性，盈利很不稳定。通过降低资金的使用率，同时把资金分散到多个交易品种上，设置止损和回补策略，表面上看每次交易的回报率都不高，盈利速度很慢，但盈利非常稳定，长期下来累计的收益却是超高的。

| 本章小结 |

1. 虽然期货投资单次或短时间盈利具有很大的不确定性，但只要投资理念正确，依此制定好适合自己的投资策略并长期坚持下去，盈利几乎是必然的，是否稳定还要取决于策略中的资金管理等其他因素，好策略不仅长期必然能盈利，而且盈利的整个过程也是稳定的。

2. 期货投资的四个主要特点：①期限性；②保证金交易形成的杠杆效应；③交易的双向性；④期货价格变化的不确定性。期限性一般可通过移仓的方式达到长期持有的目的。保证金交易，相当于给投资者提供了没有利息的融资方式，投资者可用也可不用，其导致的杠杆效应所带来的高风险可以通过减少资金的使用量来规避，但这样也同时降低了获得高收益的机会。期货投资交易的双向性使得交易更加灵活，带来更多的投资机会。唯有期货价格变化的不确定性，是其本身所具有的天然属性，是所有期货投资者都无法完全回避的风险。

3. 就像物体有运动惯性一样，期货价格变化也是有价格惯性的，上涨（或下跌）一定幅度后，继续上涨（或下跌）这个幅度的概率更大，这主要是因为影响价格变化的因素要发生变化需要时间，价格惯性也是期货价格沿趋势运动的具体表现，利用期货价格惯性可以衍生出许多交易策略，尤其是以技术分析为主的交易策略。

4. 期货投资策略主要包括如下五个方面：①交易方向的选择；②入市点的选择；③出市点的选择；④资金管理；⑤心态调整。这五个方面是相辅相成的，它们合力才能打造期货投资盈利的必然性和稳定性。

5. 好的期货投资策略标准：主要是具有较高的年收益率和较好的盈利稳定性，同时还要考虑资金的使用效率，滑点和手续费的影响，以及对投资者心态的要求。盈利的稳定性可以用一定时期内总的交易结果盈利的概率，盈利年数占比，权益创新高前的最大回撤和平均回撤来衡量。影响盈利稳定性的三个主要因素是胜率、盈亏比、交易频率，它们的值越大，盈利的稳定性越高。

6. 通过如下三个步骤找到好的期货投资策略：①通过基本面、技术面等方法选择交易方向，让单次或短期盈利的偶然性变成多次或长期盈利的必然性，虽然总的交易结果是盈利的，但这一步的交易结果是由大盈、大亏组成的。②通过把资金分散到不同品种上，让大盈、大亏变成中等盈利和中等亏损，使得每次交易结果的盈亏幅度大幅度下降，更重要的是由于不同品种走势特点或价格波动频率不同，它们之间能形成对冲，使得多品种合计的交易结果，盈利的稳定性大幅度提高，这表现在平均收益率不变的情况下，年总交易结果盈利的概率、盈利年数占比，权益创新高前的平均回撤和最大回撤等各项稳定性指标都有明显改善，收益曲线比单一品种平滑得多。③通过设置止损和回补策略，在保持中等盈利幅度不变时，将中等亏损进一步拆分成更小幅度的亏损，这既控制了每次交易的亏损幅度，又提高了资金的使用效率，甚至还能提高收益率，这主要还要看交易成本的大小。

7. 回报率不高，盈利速度看起来较慢的投资策略同样可以实现长期的超高收益，但盈利必须完全稳定或基本稳定。寻找完全稳定盈利或基本稳定盈利策略，让盈利由不确定的偶然性变成稳定的必然性是本书的重点内容。

　　期货投资三十载，头发浓黑渐稀白，盈利亏损多少次，西双版纳天然橡胶树，投资雨林苦探路，有心人，天不负，宝剑锋从磨砺出。期货黄从事期货交易差不多30年，他的投资经历和寻找稳定盈利投资策略的过程，也许能给大家带来一些启示，帮助大家找到适合自己的期货投资策略。请看第二章：期货黄的期货投资经历。

山重水复疑无路，
柳暗花明又一村

期货黄的期货投资经历

投资如逆旅，我亦是行人。世间几乎所有事情，没有无缘无故的失败，也没有无缘无故的成功。为寻找好的期货投资策略，期货黄也付出了艰苦的努力：30年的实际操作和艰苦漫长的统计、研究、总结、思考。一笔笔交易、一根根K线、几十个品种、大量的数据、每日的走势图，细心加耐心，思考伴灵感，虽然一次次的希望有时也会变成一次次的大失所望，但脑海中突然闪现的一点星星之火也会给他带来意想不到的好结果。仿佛上苍给他关上了许多扇窗，同时也为他打开了许多道门。他坚信，一个人只要始终坚持认真做好某项事情，他就一定会有很好的收获，成为这个领域里的顶级专家。

听雨的蛇

读书、听雨、品茗、莳花、候月、抚琴、寻幽、赏雪、焚香、酌酒是中国古代文人的十大雅事，但你见过听雨的蛇吗？要不是亲眼所见，期货黄打死也不会相信。春夏之交，正是江南好风景，落花时节又逢君的时候，南方总是细雨绵绵，到处湿漉漉的，就连睡觉盖的被子仿佛也是湿的，令从干燥地方来的北方人或者久居北方的南方人颇感不适。但雨天也是浪漫和美丽的，尤其是雨过天晴，到处云雾缭绕，白云飘飘，一幅天

然的山水画。期货黄小时候，遇上下雨天，可以不用上山砍柴
或下地打猪草，心里特别高兴，就坐在天井旁，看四水归堂，
对下雨也有种特别的期盼。

听雨的诗句，期货黄感触最深的当属宋代蒋捷的《虞美
人·听雨》：

少年听雨歌楼上，红烛昏罗帐。壮年听雨客舟中，江阔云
低、断雁叫西风。

而今听雨僧庐下，鬓已星星也。悲欢离合总无情，一任阶
前、点滴到天明。

最有志趣的听雨当属宋代苏轼的《定风波·莫听穿林打叶声》：

莫听穿林打叶声，何妨吟啸且徐行。竹杖芒鞋轻胜马，谁
怕？一蓑烟雨任平生。

料峭春风吹酒醒，微冷，山头斜照却相迎。回首向来萧瑟
处，归去，也无风雨也无晴。

有段时间，期货黄非常郁闷，他做期货不知不觉都 30 年
了，至今没有赚到太多钱，每每听到某某最近在哪个品种上暴
赚，他就会有一种莫名的激动和惆怅。激动的是他觉得自己也
有这个能力，惆怅的是在他的期货投资生涯中，好几次与这样
的机会默然相对，仿佛触手可及，最后却都擦肩而过。他盼望
着十年寒窗无人问，一举成名天下知的那一天。这不，当年投
资收益好不容易翻了 20 多倍，准备翻 100 倍以上时，又被彻
底打回原形，不仅没赚钱，还亏了不少。他把所有头寸都平了，

回到老家好好总结总结。

　　老家院子里有个小池塘，据说宋朝就有，是方的，期货黄给它取名"半亩方塘"，其实很小，远达不到半亩，取这个名是有感于朱熹的《观书有感》："半亩方塘一鉴开，天光云影共徘徊。问渠那⊖得清如许？为有源头活水来。"清澈的河水从池塘的一头流进，从另一头流出，欢快的小河鱼也可以自由进出。这天的雨下得有点大，淅淅沥沥打在院墙外的竹林中，也滴滴答答打在院中的青石板和池塘的水面上。期货黄站在池塘旁的亭子里，正准备练会儿太极，却猛然发现池塘边的野苎麻底下，一条筷子粗的小蛇正襟盘坐在池塘的石墙缝里，一边躲雨，一边听雨。它昂着头，专注地看着池塘，偶尔还张开嘴打个哈欠，如入无人之境。期货黄真想去找手机把这难得的瞬间宁静拍下来，又怕打扰到它，引起它的警觉。看着小蛇旁若无人、无忧无虑听雨的样子，期货黄也陷入了沉思，他想：连蛇都懂得慢生活，我为什么要那么浮躁，急于求成呢？如果我一开始做期货就追求稳定的回报，现在应该盈利非常可观。他过后真的算了一下，如果每年30%的回报，25年就能翻705倍，当年投资10万元，现在就有可能变成7050万元，平均每年28.2倍的回报。这一算让他吓了一跳，他决定改变自己的操作风格，不再追求所谓的"一夜暴富"，而是追求稳定的回报。如果说生活慢即是美，期货投资稳定盈利即是最好的策略。

　　⊖ 通"哪"。

心比天高，运如纸薄

期货黄 1993 年年底开始进入期货市场，是中国第一批参与期货交易的人。期货黄为人诚恳，办事谨慎，风险意识强，却选择了期货这种高风险高收益的投资方式，令熟识他的人大为不解。近 30 年的期货投资，期货黄不知经历过多少次的盈亏，虽然一直"活着"，却未爆发，总体上只是小有收获。一开始，他是个标准的基本面派，对技术分析并不十分看重。据此，他在铜、铝、天然橡胶、国债等期货品种上也曾盈利颇丰，有了他期货投资生涯的第一桶金，还人送外号"黄铜铝"（主要做铜铝）、"黄 MKT"（常用市价 Market 指令），但很快又因基本面分析的失败而在 1996 年 1 个月左右的时间里赔了近 2000 万元，导致他几年内积累的大部分投资盈利在一夜之间付之东流，此所谓成也基本面，败也基本面。

当时东南亚金融危机尚未正式爆发，但在期货价格上却提前有所表现，这次大亏让期货黄学会了及时止损，并且毫不手软，非常坚决，即使止损"错"了也从不后悔。他认为只要做到及时止损，期货投资就成功了一半。他开始关注和学习技术分析，甚至"发明"了自己的技术指标，比如"牛皮市突破"（见本人的专著《期货投资的艺术：在不确定性中寻找确定性》），尽管如此，他仍然主要依靠基本面分析来选择交易品种和交易方向，且认为什么时候入市并不十分重要，如果基本面看好甚至可以逆技术趋势操作（但与基本面分析一致）。

进行期货投资，也许每个投资者都希望一夜暴富，一举成名。期货市场是生产传奇的地方，时不时会有人一夜暴富而被"传颂"：某甲用几十万赚了几千万，某乙用几百万盈了好几个亿。每当听到这样的赚钱传奇，期货黄都会显得既激动又郁闷，激动的是觉得自己也有这个能力，郁闷的是在他近30年的期货投资生涯中，有好几次与这样的机会擦肩而过，差点成为这样的传奇。他仔细想想后发现，自己离期货传奇的距离还是比较遥远，因为成为期货传奇的概率总是非常低，与方法和策略的好坏几乎无关，就像中彩票，虽然你的中奖号码与大奖只差一位数，其实与差很远的号码没有什么区别。成为一夜暴富式的期货传奇更多靠的是运气而非方法，是不能复制、无法持续的，而拥有长期稳定且相对高收益的期货投资策略，是可复制、可持续的，将成为未来中国期货投资界的真正传奇，就像巴菲特在证券市场的投资，只可惜期货黄认识到这一点稍微晚了一些，他希望年轻的投资者能尽早深刻认识到这一点。

2004年，期货黄主要通过基本面分析认为，铜价在未来几年要上涨到一个投资者想象不到的高度。事实证明他的判断是对的，2006年上海期货铜价确实涨到了85500元/吨的历史高位，一个大家想象不到的高价。正是因为特别看好铜的后市，2004年6月，期货黄在25500元/吨左右开始满仓买进上海铜的期货，而且浮盈加仓，按他当时的单量，涨到27000元/

吨，他就可轻松盈利 1000 万元，他非常坚决地认为 27000 元 /
吨只是刚刚开始，不过是毛毛雨，从未见过的倾盆大雨还在后
面。图 2-1 为当时上海期货铜的走势图，在短短 2 年左右的时
间，铜价从 23000 元 / 吨左右涨至最高 85500 元 / 吨。

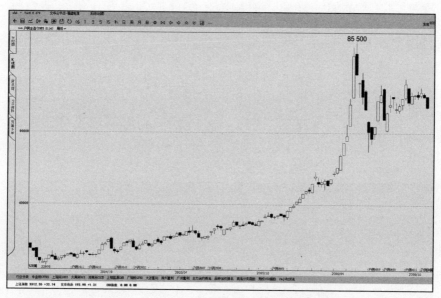

图 2-1　2004—2006 年上海期货铜走势图

　　人们常说心想事成，想什么就会来什么，这次对期货黄来
说，结果却是完全相反的。2004 年，从 6 月至 9 月，上海期货
铜一直处于大幅震荡中，并未见到期货黄所希望的单边上涨行
情，见图 2-2。在此期间，许多次 100 多万元的浮动盈利，加
仓之后却最终换来 100 多万元的实际亏损，这让期货黄始料未
及，而及时止损又是他必须始终坚持的最高原则，不止损是不

能碰的红线。一日被蛇咬，十年怕井绳，他不敢继续坚持原定
的操作策略。9月底铜的行情开始单边上涨，他没有像前面许
多次一样，勇敢地把所有低位止损的头寸再高位补回来，他只
补回极少部分头寸，并且很快就获利平仓，因为他怕行情再一
次把自己当羊肉一样涮，而铜的价格此时却半开玩笑半诗意地
对他说：你跟或者不跟我，涨势就在那里，不急不慢！铜价最
高时上涨至几乎所有投资者都想象不到的85500元/吨，如果
他坚持前面那样的操作，按当时的单量，他可以轻松盈利几个
亿，可惜没有"如果"，他又一次错过了成为期货投资传奇的
机会。

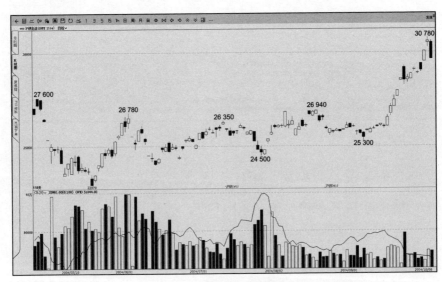

图2-2　2004年6月至9月上海期货铜走势图

铜价暴涨，满仓做多，结果还亏损，期货黄抑郁了。这对

任何期货投资者来说，都是挥之不去、难以承受之痛，更何况当时期货黄是从事期货交易10多年的行家里手，整个期货市场像他这样坚定看多的人凤毛麟角。他总结，每次都及时止损并没有错，错的是止损之后没有坚持及时回补，所以牺牲在"黎明前的黑暗"中，由此产生的连锁反应也对他今后的交易产生了一定的心理影响。从此，他学会了坚持，也认为坚持是人最好的品德之一，但他忽略了在单一品种上满仓操作的错误。他认为满仓不可怕，只要止损快，就不会亏大钱，更不太可能赔光。这为他将来在天然橡胶上满仓且坚持，不断止损，不断回补，不断赔钱，直至赔光，奠定了"坚实"的基础，埋下了令人遗憾的后患。

2008年，美国次贷危机对全球经济的不利影响已经开始显现，期货黄通过自己的经验分析认为，商品期货价格很可能出现暴跌，他心里窃喜，这又是一次可能成为期货投资传奇的好机会，可以好好报一下2004年铜亏损的一箭之仇。于是他几乎满仓做空了上海铜的期货，许多投资者当时都看多铜，期货黄开玩笑要与他们打赌，掩饰不住内心看空的激动。

虽然2008年10月1日前铜价也有所下跌，但幅度并不是很大。期货黄甚至劝他的朋友来赌一把这次铜价的下跌，因为他的这位朋友一直跟期货黄说，如果发现特别大的期货投资机会一定要告诉这位朋友，这位朋友要"赌"次大的。期货黄深知期货的高风险和不确定性，从来不主动劝朋友投资期货，而这次是个例外，他告诉朋友许多他认为铜价要大跌的理由，从美国次贷危机到全球经济的明显减弱，从冶炼能力大幅增加，到铜加工费的上升再到铜矿产能的相对过剩，从伦敦金属交易所（LME）库存的变化到升贴水的变化，从基本面到技术面。只可惜朋友和他都没敢"赌一把"，因为当时期货市场正赶上长假，10月1日是中国的国庆，证券和期货市场都放假一周。为避免长假期间行情发生大的不利影响，导致不能及时止损，风险失控，期货黄一般是不留头寸过长假的，因为有一年春节期间，他留有大豆空单，节前行情也是跌的，还浮盈不少。有人欢喜就有人哀愁，就在中国人高高兴兴沉浸在新春佳节的时候，地球的另一边——美洲大陆，美国和巴西大豆主产区同时出现严重旱情，导致芝加哥商品交易所（CBOT）大豆在春节期间暴涨，节后一开盘，国内期货大豆大幅高开，一度接近涨停板，期货黄由节前的大幅盈利，变成了节后的大幅亏损，仿佛从天堂掉到了地狱，幸运的是没有出现连续涨停的情况，否则后果不堪设想。这一经历令期货黄感到后怕，所以，他给自己定了个操作原则，长假一般不留单。

2008年的这次期货黄非常坚决地认为铜价后市很可能会大幅下跌，他破例留了1/5的仓位，以防节后开盘就跌，错过机会。同时为控制不确定风险，他把大部分空头头寸都平了，打算节后再接回来。也许心想事成不单指好事，坏事亦如此，有时担心什么就会来什么，遗憾的是，受美国次贷危机影响，铜

价节后开盘就跌停，而且连续数个跌停，市场没有给期货黄任
何把空头头寸接回来的机会，虽然留下的 1/5 的头寸也让他和
朋友当时的资金翻了一倍，却又一次与期货投资传奇擦肩而过，
触手可及，只能默然相对。图 2-3 为 2008 年 10 月 1 日前后铜
的走势图。

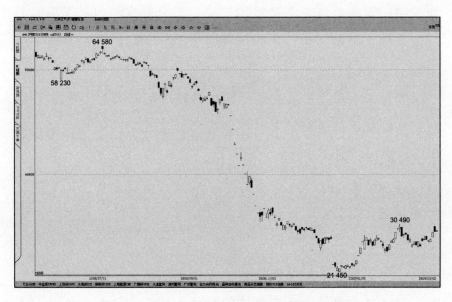

图 2-3　2008 年 10 月 1 日前后上海铜的走势图

期货黄有时会想，如果不是放长假，他一定会在这次铜的
大跌中赚得盆满钵满，或许已经是期货投资界的小传奇。可惜
没有"如果"，但期货黄已明显感觉到自己与成为期货传奇的距
离越来越近，他不仅听到了期货传奇的脚步声，还听到了它的
呼吸和心跳声，这更加坚定了他对基本面分析的看重。

2012 年 8 月，当上证股票指数跌至 2100 点左右时，期货黄通过基本面分析认为上证指数下跌空间将非常有限，跌破 2000 点的概率非常小，于是他开始尝试在沪深 300 指数期货抄底，虽然中间也有过不少次的盈利，甚至是比较大的盈利，因为期间上证指数一度涨至 2400 多点，但他没有考虑止盈，获利了结。因为他认为下跌空间有限，而上涨空间相对无限，同时设置的止损幅度也比平常大些。2013 年 6 月 13 日，当上证指数从 2440 点左右回调到 2200 点以下时，曾经的大幅浮盈像早晨的雾水一样，烟消云散，期货黄继续加仓做多沪深 300 指数期货。其实，此时技术面已明显变成跌势，是空头行情。由于逆势操作，期货黄只能不停止损，当上证指数跌至 2100 点以下接近 2000 点时，他再次买进沪深 300 指数期货，认为跌破前期低点 1949 的概率很小。2013 年 6 月 25 日，上证指数不仅跌穿了 1949 的前期低点，还跌破了 1850 点，这是很多投资者的心理支撑位。虽然期货黄的分析仍然认为下跌空间非常有限，但坚决止损是他必须坚持的最基本的操作原则，是永远不能碰的红线，这是他在 1996 年用一个月赔 2000 万元换来的经验教训。图 2-4 和图 2-5 展示了 2012—2016 年上证指数和沪深 300 指数期货走势，从图中也能明显看出，期货黄这波股指期货抄底，命中注定大部分时候都是以止损出局，他所投入的资金此时也赔得所剩无几。

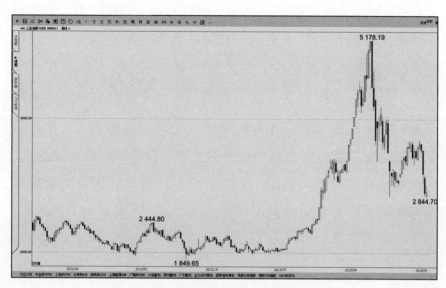

图 2-4　2012—2016 年上证指数走势图

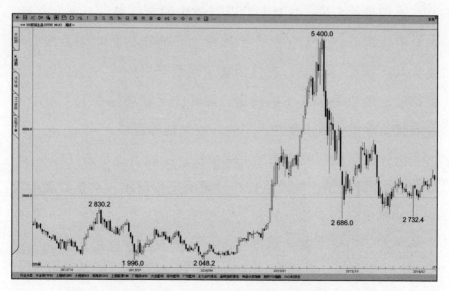

图 2-5　2012—2016 年沪深 300 指数期货走势图（连续）

2014 年 7 月，沪深 300 股指期货开始大幅度上涨，凭借赔得所剩无几的极少量的资金和长时间持有，期货黄用 1 手股指（当时保证金 8 万元左右）赚了 100 多万元，但由于前期亏损较大，也就一直没敢在股指上利用盈利加仓，否则盈利会更加丰厚，加上这段时间在铝和棉花等其他品种上的盈利，期货黄创造了自己期货投资生涯中最好的业绩，仅用一年左右的时间，账户资金增长了 20 多倍。事后期货黄心想，假如没有前面逆市抄底及其所带来的损失，结果会好得多，应该是另一番景象。世上没有后悔药，吃一堑长一智，他下定决心，即使对后面的走势充满信心，也要等盘面技术上显现出来才进场，以后绝不再左侧交易！他开始看重技术分析在期货实际操作中的重要性。

对期货黄来说，这次盈利及其带来的幸福来得不算太突然，甚至有点晚。但之后不久，中国股票和股指期货市场上演的多空大戏可谓惊心动魄，也让期货黄刚刚获得的丰厚盈利不仅全部回吐，还损失了更多的资金，盈利的笑容还挂在脸上没来得及收起，亏损的泪水就浸湿了他一夜暴富的青衫。

因管理层担心股票市场上涨过快，所以出台了去杠杆政策。2015 年 6 月开始，随着去杠杆政策的逐步落实，股票和股指期货都开始出现较大幅度回调，就像上涨的幅度和速度超出管理层的预期，同样下调的幅度和速度也远大于管理层的预期，见图 2-5。在此期间，期货黄也曾在中证 500 股票指数期货上做空，但止损几次后就没有坚持，错过了一次做空获利的好机会。

好在期货市场有的是投资机会，所以他也不觉得太遗憾，耐心等待下一次机会。

果然，股票市场断崖式的连续暴跌让广大股民和管理层都无法接受，也引起了监管层的高度重视，从证监会到交易所、券商、期货公司，从财政部到人民银行，从社保基金到保险机构，几乎所有相关部门都在出台政策稳定股票市场，国家甚至拿出 2 万亿元真金白银来买股票和股指期货，这是中国证券期货史上从未有过的救市力度。

期货黄激动地认为这是一次千载难逢的做多股指期货的好机会，于是满仓买进沪深 300 指数期货，且浮动盈利继续加仓。一开始，在各种政策的组合支持下，股票和股指期货市场不仅稳定住了，不再下跌，而且有了较大幅度的上涨。当沪深 300 指数期货 9 月合约从 3350 点左右迅速涨至 4200 点左右时，期货黄账户里的盈利已经非常可观，他似乎还算理智，也不太贪，计划涨至 4400 点左右时就获利了结，他认为当时的情况上涨至 5400 点左右的前期高点不太现实。然而事实上，盘面走势远比他想象的要弱得多，4200 点左右就成了当时的最高点，几天后价格又开始下跌到 3550 点左右，接近这次大跌的最低点 3350 点附近，然后又反弹到 4100 点附近。

按期货黄自己总结的技术指标和经验，当时股指期货是应该做空的，而不应该做多，即使做多，也应该及时止损。

2015 年 8 月底，正当期货黄憧憬着这次做多可能给他带来多大的盈利，用想象中的盈利安慰自己时，股指期货价格不久就跌破了救市前的低点，他被迫止损砍仓，损失惨重，偷鸡不成反蚀了许多米，成为期货传奇的梦想再一次落空，并且感觉离自己越来越远。

这一次失败，让期货黄体会了<u>及时止损</u>和<u>顺技术趋势交易</u>的重要性，对基本面分析所起的作用又有了更切身、更客观的认识：最坚决的基本面分析也可能是错的！

为了及时弥补这次交易带来的损失，期货黄开始急于寻找下一个风险小却可能带来大的盈利机会的品种，上海期货交易所的天然橡胶悄悄地进入了他的视野。风险小，是因为橡胶价格已经跌至割胶成本以下，据期货黄了解，当时天然橡胶的割胶成本大概在 13000 元／吨左右，为此他还特地到中国橡胶的主产区西双版纳进行过实地考察，据调查橡胶价格在 12000 元／吨左右，比单吨割胶成本还低 1000 元，就好比苹果的价格跌至摘苹果的人工费以下。从经济学的角度来看，宁可让苹果烂在树上，也不应花费人力去采摘，但谁又忍心它们烂在树上呢？可能有大的盈利机会是因为橡胶的最高价曾到过 43000 元／吨，目前价格还不到最高时的 1/3，且其他与橡胶相关的工业品都涨了不少，且汽车的产销数据又比较理想。有了之前的惨痛经历，期货黄觉得不能再犯逆趋势操作和不及时止损的错误，于是每次当橡胶价格技术上形成向上突破，技术上变成涨势时，他就接近满仓买进做多，并立即设好止损。图 2-6 为 2015—

2018 年天然橡胶走势图。

图 2-6　2015—2018 年天然橡胶走势图

　　正是由于期货黄认为橡胶的上涨空间应该远大于下跌的空间，所以好多次盈利时（有时盈利幅度高达 1000 多点），他都能沉住气，没有平仓，甚至偶尔还用浮盈加仓。然而，随着一次次的浮动盈利变成一次次的止损平仓，他也一次次从满怀希望变成一次次的大失所望。在两年多的时间里，他记不清在橡胶上浮盈过多少次，最后又止损了多少次，他想起了一句诗词："泪眼问花花不语，乱红飞过秋千去。"就像满树的鲜花，在不知不觉中一片一片地随风飘落，账户里的资金眼看着越来越少，一点一点赔光。

　　这次橡胶上的亏损完全出乎期货黄的预料，他一直以为，

只要顺趋势交易，并及时止损，即使满仓操作，赔光的可能性
也是很小的，更何况当时橡胶的价格处于历史低位，且跌破了
割胶成本，不太可能出现跌停板无法及时止损的情况，事实上
也没有遇上。问题很可能出在资金管理上，他决定暂停交易一
段时间，认认真真进行总结。

一枚硬币引发的思考

期货黄发现，靠一夜暴富成为期货传奇的人毕竟凤毛麟角，
整个中国也就那么几个。而好的期货投资策略千千万，拥有好
的投资策略的投资者更是不计其数，但为什么成为期货投资传
奇的人仅仅那么几个？因为通过期货投资一夜暴富本身就是个
极低概率的事件，运气的成分非常高，策略的好坏并不起关键
作用，而且不可复制、不可持续，就好比用1万元去买彩票，
中500万元的概率是1%与中500万元的概率是0.1%，前者
长期买下去一定是盈的，是好的策略，后者长期买下去一定是
亏的，是不好的策略。前者中的概率是后者的10倍，但二者
中500万元都是低概率事件，若只能买一次或几次，中500万
元的人主要靠的是运气而非策略，策略所起的作用不是主要的。
当然，若买许多次，策略的作用就会慢慢显现出来。

另外，要想一夜暴富成为传奇，一年或几年盈利几十倍上
百倍上千倍，就必须每次基本上满仓操作，而且浮盈或盈利必

须加仓，否则不太可能实现。这本身也是个低概率事件，好的投资策略是这样，不好的投资策略更是如此。假如你有一种好的投资策略，1万元变成2万元的概率是60%，2万元变成4万元的概率也是60%，4万元变成8万元的概率还是60%，依此类推，而每次赔的概率只有40%。虽然策略本身已经非常好，但1万元变成128万元的概率只有2.8%，赔光的概率高达97%，在此情形下，1万元变成128万元，是策略的成分大还是运气的成分大，大家应该一目了然。所以有人说：做期货，小富靠勤（好方法、好策略），大富靠命（好时机、好运气）。

那段时间，期货黄一直在思考这样一个问题：如果通过资金管理，减少每次交易投入的资金量，降低仓位，那收益也会相应下降，实现超高回报几乎不可能，那么，是否有这样的策略，既能获得相对高的回报，且盈利又非常稳定，所有年份或大部分年份都是盈利的，中间回撤又相对较小（投资者普遍能接受的范围），几乎不可能大赔，更不太可能赔光？

虽然这样的方法不能让你一夜暴富，但因为盈利稳定，可以像复利一样放大，其长期稳定的回报所积累的收益却是非常可观和惊人的，足以让你成为投资界的传奇，股神巴菲特就是股票投资界的典范和榜样。期货黄通过计算发现：1万元，若每年30%左右的回报，按复利计算，30年后，将变成约2620万元，如果投资10万元，就能变成2.62亿元，若投资100万元，就是26.2亿元。30年2620倍左右的回报，难道你不为这样的结果感到惊讶吗？难道有这样能力的投资者不会成为投资界的传奇吗？反正期货黄是惊到了，他从事期货交易也快 30 年了，以前一直认为，自己投资期货的钱只是他全部资产的一小部分，每年 30% 左右的收益没有什么意义，猴年马月才能把这点小钱变成大钱，实现真正的财务自由。好比一个拥有千万资产的人，用 10 万元投资期货，每年只赚 3 万元，对他来说没有什么感觉。期货投资，玩的就是心跳，就是要以小博大。

但如果你告诉他，30 年前的 10 万元，现在变成了 2.62 亿元，他又会做何感想呢？期货黄坚信有这样或接近这样的期货投资策略存在，最重要的是找寻这样的方法。他放弃了以前曾获得超高回报的方法，就像鹰的重生，期货黄开始了漫长而曲折的对稳定盈利的探索。

首先，走进他头脑中的第一个方法是多策略组合。期货黄是个典型的趋势交易者，当行情一直处于明显趋势中时，他的盈利非常可观，但当行情处于震荡时，他往往会遭遇损失，尤其是趋势行情不断浮盈加仓时，一旦赶上震荡调整，常常前功尽弃，甚至损失惨重。于是，期货黄设想，如果部分资金做趋势，部分资金做震荡，既保留了趋势交易带来的高盈利幅度，又避免了行情震荡所带来的损失，但统计结果大大出乎他的预料，盈利并没有因此而变得明显稳定。关于这一点我们将在后面第六章有关资金管理的内容中做详细分析。

其次，期货黄想到的策略就是套利，利用相关品种之间不合理的比价关系（跨品种套利），或者利用同品种不同合约月份之间价格不合理进行套利（跨期套利和期现套利），或者利用同品种不同市场之间存在套利差价进行套利（跨市场套利，比如内外盘之间）。还有统计套利，就是利用有一定相关性的不同品种，当它们偏离正常的比价关系时进行套利。套利策略虽然风险相对较小，但收益也非常有限，投资机会也很少，因为套利机会出现时，往往是市场不正常的时候，放弃大部分正常的市场投资机会，去等待极少数不正常的套利机会，是非常不明智的，很快就被期货黄否定了。随着市场越来越成熟，这样的机会就会越来越少，一旦出现，很容易被其他投资者及时发现并捕获，套利空间、市场容量和长期性都是问题。

最后，进入期货黄头脑中的策略就是日内短线高频交易。部分头寸日间长线，部分头寸日内短线，把日间长期有效的趋势投资策略平移到日内短线中来，把日间的大盈小亏策略转变成日内相对小的大盈和更小的小亏，通过增加交易频率的方式实现稳定盈利的目的。这样做既回避了日间价格跳空所带来的风险，又提高了盈利的稳定性。前面我们已经讨论过，提高胜率、盈亏比和交易频率是提高盈利稳定性的三个重要因素。然而，按下葫芦浮起瓢，交易和统计结果发现，这样做，虽然在一定程度上增加了盈利的稳定性，但随着交易频率的增加，滑点和手续费的影响也相应加大，所带来的好处甚至远不能弥补交易成本的增加，使得该策略的实际盈利能力反而降低，亏损增加，得不偿失，而滑点和手续费是交易过程中不能回避的现实。从上一章的盈亏统计表中能明显看到这一点。

看到盘面上各品种不断跳动的价格，尤其是许多品种大幅上涨或下跌的趋势行情，期货黄看到的仿佛不是一根根 K 线，而是一串串挂在线上的金钱，触手可及，却又拿不下来。期货价格不是上涨就是下跌，不是 A 品种有大机会就是 B 品种有大行情，期货市场似乎从来不缺投资机会，关键是如何实现相对高的回报，同时风险又小，盈利很稳定，期货黄陷入了迷茫的思考之中。

办公桌上，一枚硬币不小心掉到地上，咕噜噜向前滚动了一段距离，然后停了下来，却没倒。期货黄有点惊奇，他拿起硬币，一面是数字，一面是菊花。他突然想，扔硬币，如果只扔几次，正反面的概率并不是 50%，比如扔 10 次，正好 5 次正面和 5 次反面的概率反而很小，大部分时候不是正面多，就是反面多，有时甚至 8 次正面，2 次反面，这似乎违背了正反面应该各占 50% 的理论值，这就是所谓的不确定性和偶然性。但随着扔的次数不断增加，总结果会越来越接近正反面各占 50%，这就是不确定性中的确定性，偶然中的必然！

就像牛顿从苹果掉落发现了万有引力，期货黄也从这枚硬币想到了期货投资策略的稳定性。如果把单一品种上，长期具有很好盈利能力但中间会有大盈大亏的某种不稳定的策略，通过多品种和设置一定幅度止损和回补策略，拆分成许多次的中

盈小亏，就可以实现较高回报、较低风险的稳定盈利模式。他
在想，如果把这样的策略同时分散到许多品种、许多交易次数
上，相当于变相大幅拉长了交易时间，而实际时间并没有变化。
而且资金分散到不同品种上，交易次数的增加并不会带来交易
成本的增加，因为单个品种的单量变小了，相反，由于资金分
散，单一品种一次下单的量反而减少，滑点的影响更小。这不
就是传说中的"把鸡蛋放在不同的篮子里"吗？通过品种之间
相互对冲，既不怕单一品种没有大的投资机会，盈利又可能非
常稳定，多么简单而朴素的方法啊！

　　2015 年股指期货由大幅盈利变成大幅亏损之后，期货黄就
开始对主要交易品种进行这方面的研究和统计，统计了它们 11
年的交易数据，由日 K 线支撑阻力到周 K 线支撑阻力，从短周
期到长周期，从不设一定止损幅度和回补策略到设置止损幅度
和回补策略，从固定到跟踪，从大幅到小幅，从半自动量化操
作到纯量化，为了了解盈亏的真实细节，他采用手工加 Excel
表的统计方式，烦琐而细致。有些策略一开始具有很好的盈利
效果，他甚至忍不住夸自己聪明，竟然想到这么好的策略，但
随着统计的深入期货黄却发现效果一般，有的还有致命缺陷。
一次次的充满希望变成一次次的大失所望，期货黄又重新思考
新的策略，进行新的细致而烦琐的研究统计工作。有的一开始
看起来并不怎么样的策略，随着统计的深入，却有很好的效果。
功夫不负有心人，他最后终于找到了几套适合自己的操作策略，

既稳定，回报率又相对较高，至少目前是这样。在此期间，虽然他错过了许多获取超高回报的机会，但他并不后悔。

期货黄的投资经历可以简单概括成如下几个阶段。

1. 基本面派，外加不止损

最开始投资期货时，期货黄是个纯基本面派，认为只要基本面没问题，是可以不止损的，直到 1996 年在 1 个月左右的时间里赔了 2000 万元，才懂得基本面分析也有错的时候，才学会了任何时候都要把止损放在第一位。后来期货黄每次开仓都会同时跟进止损，一旦行情触发止损，他会毫不犹豫执行，即使止损错了，也不后悔。当然，保值头寸是例外。他也开始学习和研究技术指标，但选择交易方向仍然以基本面为主。

2. 基本面派，外加及时止损

2004 年 6—9 月，期货黄非常看好上海铜的后市，他不断做多铜，却不断被止损，他坚持了将近 3 个月。铜价最后确实暴涨了，而且涨到了大家都想象不到的价位，而他却赔钱了，当 9 月底铜价真正开始大涨时，他出来了，因为他害怕再次被止损。从此，他学会了坚持，开始慢慢重视技术面的作用。

3. 基本面派，外加及时止损，外加坚持

2008 年 10 月 1 日前后，虽然国庆长假让期货黄错过了一次在短时间内获得暴利的机会，但同时也让他更加坚信基本面

分析的重要性。

4. 基本面派，外加及时止损，外加坚持，外加可以逆势操作（左侧交易）

2012—2015 年沪深 300 指数期货上，在基本面分析一直看涨的情况下，期货黄从逆势操作大亏到顺势操作大盈，再到逆势操作大亏，他就像是在梦里坐了一趟大盈大亏的过山车，还没来得及反应就已经赔得差不多了。这次教训让他懂得，无论基本面分析如何，都必须等到技术面一致时才进场交易。

5. 基本面派，外加及时止损，外加坚持，外加顺势操作（右侧交易），外加可以单品种满仓或接近满仓操作

期货黄认为，通过基本面分析，如果某一品种可能有大的投资机会而风险又很小，就可以集中资金，在顺势的情况下满仓或接近满仓操作，只要及时止损并且坚持，这样操作不仅获得暴盈的概率大，且暴赔的概率几乎没有，更不太可能赔光。2015—2018 年间，他在天然橡胶上就是按照这样的逻辑进行操作的。虽然中间有许多次盈利，有几次甚至盈利 1000 点以上，他都没有见好就收，因为他认为橡胶上涨的空间比下跌的空间大得多。而结果是每一次交易最终都以及时止损平仓出局，止损的次数实在太多，连他自己都记不清在橡胶上止损了多少次，虽然每次亏损幅度都不大，就像温水煮青蛙，又像钝刀子割肉，在不知不觉中，他猛然发现：钱已经赔光了！从此，他懂得了

在单一品种上不能满仓操作，同时认为基本面分析和技术分析一样，也有对错，也是个概率问题，甚至从某种意义上说，技术面相对更客观一些。他开始重视技术分析，并开始探索完全依靠技术分析进行操作盈利的可能性和效果，他通过长期的统计发现，完全依靠技术指标不仅可以盈利，甚至不亚于基本面分析的效果，而且更简单直观，可以实现计算机全自动量化交易，从此，他变成了一个比较纯粹的技术面派。

6.技术面派，外加及时止损和回补，外加坚持，外加多品种对冲

期货黄发现，一夜暴富永远是个极低概率的事件，是运气，与策略好坏关系不大，是不可复制和不可持续的。他开始努力寻找既稳定而回报率又相对高的策略，并且进行了大量的统计和研究，从多策略组合到短线高频，再到套利交易，最后发现按某一技术指标多品种对冲，及时止损并回补，是他目前发现最简单、最实用、可量化、盈利能力较强、稳定性也较强的策略。

近代著名学者王国维提出："古今之成大事业、大学问者，罔不经过三种之境界：'昨夜西风凋碧树，独上高楼，望尽天涯路。'此第一境界也。'衣带渐宽终不悔，为伊消得人憔悴。'此第二境界也。'众里寻他千百度，蓦然回首，那人却在，灯火阑珊处。'此第三境界也。"

当期货黄虽顺势却因满仓操作多次止损而亏光的时候，他

决定放弃 20 多年操作实践总结出的方法，在茫然中重新寻找新的操作策略，立志寻找到既稳定又回报率相对高的期货投资策略，此似第一境界。

为了寻找到这样的策略，期货黄采用手动录入加 Excel 表的方式，而不是采用计算机自动统计的方式，目的是真切了解每次交易盈亏的过程和细节，而非总的交易结果。他经常在电脑屏幕前面一坐就是三五个小时，握鼠标的手常常会因时间太久感到少许的麻木。在为寻找好的投资策略不断探索和总结的过程中，经常会有新的策略如灵感从脑海中闪现，于是他就会迫不及待地开始对各品种近 10 年来的交易数据进行重新统计和验证。许多策略一开始统计时有非常好的效果，他激动不已，却在后面的统计中发现效果一般甚至有致命的缺陷；有些策略对有的交易品种有好效果，而对另一些交易品种却不理想，没有普遍性。于是期货黄不得不停止统计，放弃对该策略的进一步探索，许多天甚至几个月的工作就像打水漂一样，白费了，一次次的充满希望往往换来一次次的大失所望。最后，当他统计和总结数年之后，找到了对各主要交易品种大部分年份都有很好的交易结果的策略，兴高采烈地找人编程进行程序化处理时，却又当头一棒，被无情告知策略中包含有太多的交易经验和主观判断，该策略无法完全实现自动化交易，于是又不得不对策略进行重新调整并重新进行统计，以适应完全自动化交易的要求，几个月甚至几年的工作都付之东流。期间他放弃了许多品种从未有过的大涨和大跌机会，却从未放弃对稳定盈利且回报相对较高策略的探索。巧的是期间体重也减轻了好几千克，有"衣带渐宽终不悔，为伊消得人憔悴"的味道，此似第二境界。

几年的坚持和努力终于有了回报，经过近10年的统计和总结，期货黄最终从许多种策略中筛选出几个相对好的策略，这些策略不仅盈利稳定且回报率较高，简单易行，简单得连期货黄自己都有点不敢相信，而且便于实现计算机自动化操作。这种拨开云雾见天日的顿悟感觉，就像"众里寻他千百度，蓦然回首，那人却在，灯火阑珊处"，此似第三境界。

期货黄深知自己离成大事业、大学问还有很远的距离，他也十分敬佩各行各业"大家"们的艰苦努力和伟大成就，把他们当榜样。他们就像一座座高山，令期货黄仰止，觉得自己就像山脚下的一只小蚂蚁，正在积极往山上爬，希望看到自己不曾看到的风景，并享受爬山带来的无穷乐趣。但这并不妨碍他体会这三种境界，看来经历三种境界是成大事业、大学问的必要条件而非充分条件。不过，东方已经泛白，他似乎看到了清晨的第一缕曙光！

解放自己的思想

很多年前，期货黄从事计算机专业的朋友告诉他，可以把他的操作策略编成程序，让电脑自动操作，这样既可免去盯盘的辛苦，又能按程序及时操作，避免了人在关键时候的犹豫不决和其他人为的错误，还能相对稳定盈利。就像不相信有永动机一样，期货黄当时打死也不相信有这样的好事，如果可以这样，这不就是台标准的印钞机吗？

经过多年大量的统计总结，期货黄终于坚信这样的好事是的的确确存在的，这就是目前不少投资者开始使用的计算机量化交易。怪不得近年来，国际金融市场许多投资银行都高薪聘请数学家、计算机专家，甚至物理学家从事投行业务。

但计算机量化交易的效果好坏，主要取决于所用投资策略的优劣。期货交易属于零和游戏，盈利方赚的钱一定是亏损方赔的钱，之所以许多计算机量化交易能够稳定盈利，是因为其策略是稳定盈利的，其所赚的钱，正是大量没有好策略或者有好策略却不严格执行的投资者所奉献的。他们往往没有正确的投资理念，常常犯错，甚至犯最初级的错误，比如亏损时死扛不止损，宁可选择"万一"（不亏），也不愿相信"一万"（继续亏损），而盈利时又早早了结，生怕到嘴的鸭子飞了，正是他们给期货市场源源不断送来资金。拥有好策略的量化系统就像台忠于职守的机器人，时时刻刻都在盯着他们，耐心等着捡拾他们犯错时掉下的金钱。请不用担心这样的钱会被捡光，因为期货黄发现有许许多多的投资者还在犯他30年前刚刚做期货时所犯的最低级错误，就像滚滚长江东逝水，连绵不断。期货黄想起小时候去森林中采蘑菇和野杨梅，不管前面去的人采了多少回来，后面去的人也从来没有空着篮子回来的，总是和前面去的人一样，满载而归，因为森林中的蘑菇和杨梅实在太多，而期货市场上犯错的人也实在太多太多。

所以，好的量化交易系统首先是要找到好的投资策略，然后编成自动化交易程序，让计算机严格照着好策略进行交易，在许多次的盈利和许多次的亏损之后，沉淀出一定的盈利。

当期货黄认识到计算机量化交易确实是一种很好的期货投资方法时，他为自己的目光短浅后悔不已，他想起清朝诗人丁元英的《卜算子·自嘲》："本是后山人，偶做前堂客。醉舞经阁半卷书，坐井说天阔。大志戏功名，海斗量福祸，待到囊中羞涩时，怒指乾坤错。欲游山河十万里，伴吾共蹉跎。酒杯空，灯花落，夜无眠，独高歌。阅遍天下人无数，知音有几个？"

他意识到在寻找、选择好的期货投资策略时也要秉承开放的心态，思维不要被自己的操作经验和视野束缚，现在好的投资策略未来不一定也好，要与时俱进，不断进行调整，以适应新的交易环境。因为不变是暂时的，变化是永恒的，所谓无常才是常！

他突然想起了一首著名的禅诗："步行骑水牛，空手把锄头。人从桥上过，桥流水不流。"既步行又骑着水牛，既空手又把着锄头，明明是水在流，怎么就变成了桥在流呢？这些看似不可能的事情，也许将来都有可能。桥流水不流不就是物理学上的相对运动吗？假如我们对古代的人说可以在万里之外视频通话，他们一定会认为这是天方夜谭，是永远不可能的事。机器人下围棋和国际象棋战胜世界冠军已经是不争的事实，相对于宇宙无穷无尽的真理，我们现在人类对世界的认识都属于盲人摸象，一定是片面的。"佛祖拈花，迦叶微笑，禅宗不立文字、以心传心"的宗旨和理念，是否也提示我们思想永远不要被自己的视野所禁锢？著名学者陈寅恪先生终其一生所倡导的自由之思想、独立之精神是否与禅的教义在这方面不谋而合？我不能妄下定论，只能搁笔一笑。

诗人云："这么多年，你一直在我心口幽居，我放下过天地，放下过万物，却从未放下过你。"期货黄说："这么多年，我放弃过许多品种价格大涨做多的机会，也放弃过许多品种价格大跌做空的机会，却从未放弃对稳定盈利策略的苦苦探求。"

偶听某歌，颇感触，和一首，既非诗，也非词，博一同感而已。

做期货

期货投资，万般苦，

价格上下，当屏舞，

日盘夜盘，梦醒何处？

技术图表，细细数，

盈利亏损，轮回主，

真假信息，市场解读。

朝盈夕亏，谁能殊，

可有捷径，将我渡，

专注策略，安之若素。

浮动盈亏，随价舞，

此单究竟，何时出，

不患得失，单单净土。

一夜暴富，险命路，

稳定回报，是开悟，

损益天平，闲庭信步。

期货南山，期圣住，

默然凝眸，收益图，

心平气定，快乐空无。

| 本章小结 |

本章介绍了期货黄从事期货投资的几个阶段、几次教训、几种体会、几波收获。

1. 在纯基本面分析和不重视止损阶段，他既赚了大钱，也赔了大钱。从此，学会了毫不犹豫及时止损，并开始关注技术面分析。

2. 他继续重视和依靠基本面分析选择交易方向，并坚持毫不犹豫及时止损，在遭遇多次损失，屡战屡败、屡败屡战之后，没能继续及时回补头寸，继续坚持战斗，不仅错过了一次非常大的投资机会，还导致了一定程度的亏损，于是他懂得了坚持的重要性。

3. 在 2008 年，期货黄对铜后市做出了正确的判断，由于国庆长假，虽然没让他赚到太多钱，但对自己基本面分析的能力更加充满自信，然而，对基本面分析的过度自信给他埋下了亏损的隐患。

4. 基本面分析的自信，使得期货黄经常逆势操作，进行左侧交易，虽然有及时止损做保护，坚持做保障，还是有许多次差点赔光，牺牲在黎明前的黑暗中。虽然他最后迎来了久违的曙光，也只能算侥幸生还，这令他感到后怕和惋惜。后怕的是在行情朝自己判断的方向波动时还没有彻底赔光，捡回一命；惋惜的是，如果等技术趋势也与基本面分析一致时才进场交易（右侧交易），结果应该好得多，也许早就成为渴望已久的期货投资传奇。于是他懂得：即使基本面判断再坚定，也要等技术面走势一致时才进场，同时注意及时止损和坚持到底。

5. 在 2015 年股市动荡时期，期货黄经历了失败，这让他懂得，再有把握的基本面也有可能是错的。

6. 他在安全价位（现金成本附近）顺技术趋势（右侧）满仓做多天然橡胶，基本面与技术面一致时才进场交易，且及时止损，最后却彻底赔光，这完全出乎期货黄的预料。如果不管基本面，纯按他总结的技术指标进行交易反而是盈利的，这不仅让他对基本面分析、技术面分析有更深刻、更全面的认识，而且懂得了在单一品种上满仓或接近满仓交易的后果，既可能赚得盆满钵满，也可能赔得血本无归，即使在相对安全的价位也可能如此。同时，他发现纯按技术指标操作，其交易结果不一定比基本面和技术面一致时差，这为他设计多品种纯量化交易提供了依据。

7. 期货黄认为，一夜暴富式的盈利，是个极低概率的事件，主要靠运气，而非方法和策略。而稳定盈利是有方法可循的，短期看，其回报率并不很高，但长期来看，其回报率却是惊人的。

8. 期货黄通过统计和研究发现，多策略组合、高频交易、套利策略似乎不是稳定盈利的好策略，而多品种单一策略却是实现稳定盈利的好方法。

9. 对期货投资稳定盈利策略的探求，要秉承开放的心态，不要被自己的经验和视野所束缚。

　　千里之行，始于足下，期货投资方向先明。在选择交易方向的各种策略中，基本面分析是最先和最普遍采用的方法，许多期货投资者甚至认为，基本面分析是选择交易方向最重要的方法。真的是这样吗？花开几朵，各表一枝，请看第三章：期货投资之基本面分析。

萧何月下追韩信，
吕后合谋钟室祸

一 第三章 一

期货投资之基本面分析

　　韩信点兵，多多益善！他是西汉的开国元勋，我国历史上著名的军事家。起初，因得不到刘邦的重用而选择离开，是萧何月下策马追回，并力谏刘邦拜韩信为大将。从此，韩信屡建战功，为西汉的建立立下汗马功劳，却因功高盖主被污蔑谋反。萧何与吕后合谋，在长乐宫钟室将韩信杀害，此所谓"成也萧何，败也萧何"。选择交易方向是进行期货投资的第一步，理论上也是最重要的一步，而基本面分析，又是选择交易方向最重要的方法之一。看对时，能及时甚至提前发现大的投资机会，让你赚得盆满钵满；看错时，轻则错过投资机会，重则血本无归。此所谓"盈也基本面，亏也基本面"。

基本面分析的概念和原理

　　基本面分析，简单说来，就是供求关系分析。众所周知，在市场经济环境下，当某种商品供不应求时，价格就要上涨；供过于求时，价格就要下跌。有作用力就有反作用力，价格的涨跌又会反过来影响商品的供求。价格上涨至一定幅度，就会引发供应增加和需求减弱；价格下跌至一定幅度，也会诱发需求的增加和供应的减少。经济学认为，影响商品价格变化的主要因素就是供求关系，所以分析某种商品现在和未来的供求关系，自然而然成为判断该商品未来价格变化的最重要的依据，基本面分析也就顺理成章成为判断期货价格未来变化方向的最重要的方法。

正是因为基本面分析有如此重要的意义，绝大部分期货投资者一开始都十分重视基本面分析，期货黄也不另外。几乎所有期货公司和国外投资银行的期货研究部门，其主要精力都集中在研究有关品种的基本面信息。但是，物极必反，过多的投入和过分迷信基本面分析的结果有时也会带来灾难性的后果，因为基本面分析本身也存在天然的缺陷。基本面分析看似简单，其实十分复杂。

油菜花开

江西婺源，山清水秀，被誉为中国最美的乡村。每年3月，油菜花开，粉墙黛瓦的徽派建筑镶嵌在一片金黄之中，粉红的桃花和雪白的梨花点缀在房前屋后、池塘旁边，黄牛、水牛在紫云英田中悠闲地吃着花草，偶尔会有几只不知名的鸟儿站在牛背上东张西望。山上的杜鹃花也开了，漫山遍野把整片山映红，所以当地也把杜鹃花叫映山红。看到这些，期货黄心里的花也开了，像孩童般心花怒放，不仅是因为最近交易比较顺利，做多做空都盈利，油菜花还让他想起小时候在油菜花田里，和小伙伴们一边打猪草，一边打闹，一边说笑，头上身上到处黏着油菜花的情景，备感亲切。金灿灿的油菜花也让期货黄想起了 2008 年投资豆油期货的两个人，一个名叫油菜李，一个唤作幸运张。

先来说一下油菜李，他是位远近闻名研究油菜种植的专家，本与期货没有什么交集。而 2008 春节前后的一场大雪，让他与期货有了一段刻骨铭心的不解之缘，虽然不解，却只是一面之交，因为从那以后，他再也不敢做期货了。

江南的冬天，温暖而湿润，偶尔下一场雪会给人带来节日般的惊喜和快乐。但 2008 年春节前后，我国南方大部分地区却千里冰封、万里雪飘，持续的低温、雨雪、冰冻，南方的许多农作物受到不同程度的灾害，据统计，受灾面积达 11.87 万平方公里。

"春江水暖鸭先知"，对于任何可能影响期货价格的因素，期货市场总是非常敏感的，当时没有油菜籽和菜籽油的期货，棕榈油的期货也刚刚上市不久，不太活跃，而豆油期货则比较活跃，市场关注度较高。2008 年 1 月下旬，由于我国植物油库存还比较高，前段时间上涨的 9 月豆油期货价格从 10500 元／吨开始回落，跌破了 10000 元／吨的重要支撑位，技术指标上显示做空迹象。南方是我国油菜的主要产区，农作物大面积受灾的消息一出现，投资者就本能地认为油菜也被冻死了，还有广西和云南的甘蔗。虽然后来证明这些都是谣言或误判，是市场的错误解读，但受此影响，豆油和白糖的价格开始反转，豆油价格很快就涨到了 12000 元／吨，如图 3-1 和图 3-2 所示。

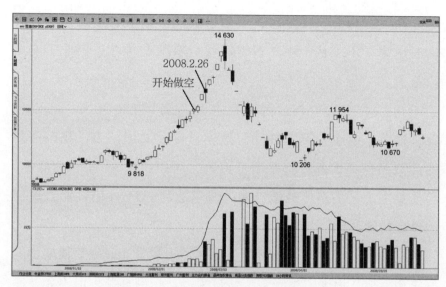

图 3-1　2008 年春节前后豆油期货走势图

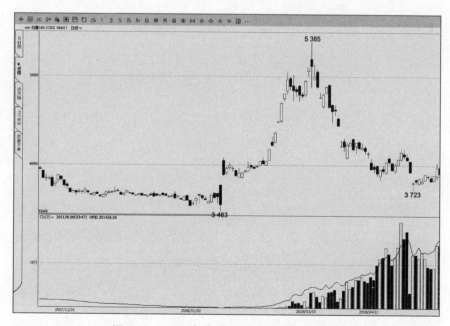

图 3-2　2008 年春节前后白糖期货走势图

油菜李身为农技专家，偶尔也喜欢炒炒股，前几年股票大涨时也赚了不少钱。虽然投资期货也有朋友推荐，但他听说风险很大，就像带刺的玫瑰，经常看一两眼，却从来不敢真碰。当听说豆油期货价格，因油菜冻死，涨到12000元/吨以上时，油菜李有了莫名的冲动。他凭借专业知识认为，我国目前的油菜品种绝大部分都是耐低温的，可以抗 -5℃左右的低温，而油菜主产区的温度最低也才是偶尔达到 -3℃左右，而且这样的温度持续时间非常短。

世人皆醉我独醒，油菜李认为这是千载难逢做空豆油期货的好机会，他认为大家早晚会醒悟过来，认识到油菜不但不会被冻死，这样的低温反而可以大幅减少病虫害，有利于油菜的生长。他也查阅了一些目前油脂的相关信息，库存较高，基本面并不乐观。2月15日，从来不敢碰期货的油菜李以初生牛犊不怕虎的精神，开始在12000元/吨以上逐步做空9月合约的豆油，在不断上涨的过程中，他不断地增加空单。2月26日当价格涨至13000元/吨以上时，他没有资金继续加仓了，而当日的大幅调整让他幸运地把仓加上了，万事俱备，就等后面的暴跌了。

第2天，当他在心里盘算着价格跌到10000元/吨以下，自己能够赚多少钱，用想象中的盈利来给自己打气加油时，12900元/吨以上的跳空高开击碎了他的梦想。他把自己可用的资金全都投到了这波豆油的做空上，因为他坚信自己的判断是对的，以自己的专业知识担保，价格将来还会跌回来，后来价格的暴跌也证明他当时的判断是对的。可惜，聪明反被聪明误，由于没有保证金可追加，随着价格的不断上涨，他只能忍痛割爱，一点一点被迫砍仓。

抽刀断水水更流，借酒浇愁愁更愁。这种人为刀俎，我为鱼肉的感觉，开始让油菜李变得烦躁，他甚至在心里不断地谩骂多头简直是一群疯子。难受和谩骂并没有改变豆油价格继续上涨的趋势和事实，当价格涨到14000元/吨以上时，他几乎彻底赔光了。

砍仓后豆油价格继续上涨至14500元/吨以上，这在一定程度上给了他稍许的安慰：幸亏全部砍了。让他彻底崩溃的是，几天之后，豆油价格开始断崖式暴跌，理由是油菜确实没有被冻死，且油脂库存大，价格很快就跌至10000元/吨左右，后来甚至跌到了5000元/吨左右，命运给他开了个巨大的玩笑，可惜此时他已经没钱再做空了，只能望跌兴叹！

从这件事情中，油菜李认识到，期货投资并不是那么容易的，基本面也不是那么好把握，价格变化往往取决于市场认可的所谓基本面，而非所谓真实的基本面。从此，油菜李再也不想投资期货了，一是因为暂时没钱投资，二是觉得自己不是那块料，术业有专攻，专业的事情就应该交给专业的人做。2008年那场大雪冰封了我国的大半个南方，也冰封了油菜李初生牛犊不怕虎的期货投资热情。

就在油菜李因所谓看"对"（并非市场认可的对）基本面而

损失惨重，开始怀疑人生的时候，另一个同时投资豆油期货的人——幸运张，却因基本面分析阴差阳错差点成为中国期货投资界的"传奇"。这短暂的朝露般的传奇经历，就像猪八戒偷吃人参果一样，还没来得及品尝什么味道，就已经烟消云散了。虽然幸运张已经不做期货了，但期货界还有关于他的传说。

幸运张是期货黄朋友的朋友。2008年春节后，期货黄的这位朋友告诉他，幸运张是位期货天才，以前从来没有做过期货，仅半年左右的时间，就用50万元赚到了6000多万元。这位朋友要向幸运张学习。期货黄问这位朋友幸运张是怎样做到的，这位朋友一五一十地告诉他幸运张传奇般的期货投资经历。

幸运张以前从来没有做过期货，前几年买股票赚了点钱在北京倒腾了几套房子，手里有点现金，听朋友说期货投资不错，既可以看涨做多，也可以看跌做空，还可以放大杠杆，以小博大，且没有融资利息。幸运张听做期货的朋友说豆油期货价格很可能要涨，他也查阅了不少有关油脂方面的信息以及期货公司的研发报告，于是2007年7月底，幸运张先投入100万元小试牛刀，在8200元/吨左右买了不少5月豆油期货，不曾想，旗开得胜，马到成功，豆油价格很快就涨到8300元/吨以上。可是，还没来得及请朋友吃饭，没几天，价格又跌破了7850元/吨的重要支撑，跌至7700元/吨左右，100万元很快就损失了将近一半。他又入了300万元，继续抄底。幸运的是没过多久，豆油价格就开始大幅上涨，再也没有跌到他买入的价位，尝到了抄底的甜头后，每次大幅调整的时候，幸运张都会用浮盈加仓。他总是选择逆势加仓，一般不在大涨的时候顺势加仓。非常幸运的是，他每次加仓后价格就不再下跌，不久又继续暴涨。2008年春节前后，我国南方地区的一场大雪，使大面积农作物受灾，油菜被冻死的消息加速了他的盈利，2月下旬他账上的资金已经高达6500多万元，期货市场已经开始流传他的投资奇迹，号称用50万元在不到半年的时间里赚了6000多万元。许多期货公司开始请他去讲课，他也飘飘然乐在其中。他甚至把自己的方法上升至"道"的层面，经常引用巴菲特的名言：在别人恐惧时贪婪，在别人贪婪时恐惧。

　　安排的课还没有来得及讲完，2008年3月初豆油价格就开始暴跌（见图3-3），其下跌速度比上涨速度有过之而无不及。这次的下跌源于市场中传说油菜并没有被冻死，而且长势良好。幸运张并不相信这样的结论，这么严重的雪灾怎么可能对油菜的产量没有影响呢？连续的暴跌让幸运张账上的资金大幅缩水。3月17日，当价格跌至12000元／吨左右，快要跌停板时，他继续抄底做多，因为这曾经是他制胜的砝码，用他的话说，在别人恐惧时要勇敢和贪婪。此时，账户里的资金已由最高时的6500多万元变成了1000万元左右，而价格很快就封死跌停。一想到当天晚上还要去给人讲课，分享他的投资经验，幸运张就有点无地自容的感觉，生气地合上电脑，不看了，爱咋咋地。然而，看与不看，亏损就在那里，或增或减。第二天，又是一个跌停板，且后面几天，价格继续暴跌，跌至11000元/吨以下。这次，幸运张也没那么幸运，他也像油菜李一样几乎彻底赔光了，只是油菜李牺牲在图3-3的左侧，没等到图3-3的右侧，而幸运张则暴富在图3-3的左侧，牺牲在图3-3的右侧。

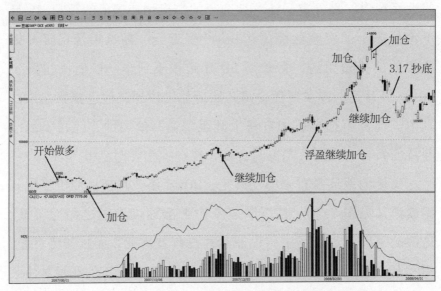

图3-3 2008年春节前后5月合约豆油期货走势图

这两个案例告诉我们，基本面分析并非万能，应用得好，能带来巨大的收益，应用得不好，也会给投资者带来莫大的损失，就像所有的分析方法一样，基本面分析也有优缺点。

基本面分析的优缺点

在选择大的交易方向上，基本面分析具有如下几个明显优势。

1. 及时和超前性

春江水暖鸭先知，相比许多技术指标的滞后性，基本面分析往往能够及时甚至超前反映某一品种未来的供求状况，尤其是与该品种相关的产业机构，它们非常了解该品种目前的供求状况，有较全面的信息来判断该品种现在和未来的供求，拥有明显的信息优势，所以在判定该品种未来价格的变化趋势上往往能够比较及时，甚至有一定的超前和预见性。而大部分技术指标，当其被触发时，行情常常已经上涨或下跌了一定幅度，具有明显的滞后性。

2. 较高的准确性，投资胜率较高

几乎所有期货交易品种供求关系的变化一般都需要较长的时间，长则好几年，甚至更长，比如大部分与宏观经济相关的工业品；短也要几个月或半年以上，比如一些农产品。由于这些期货品种供求关系不会轻易发生变化，其价格趋势也就不会轻易发生变化。那些拥有信息优势的投资者就能做出较为准确的判断，交易胜率较高。而技术分析，为了获得较高的盈亏比，并最终盈利，往往是以牺牲胜率为代价的。

3. 能抓住大行情，回报率高

那些拥有信息优势的投资者，由于比较坚定看涨或看跌某品种，就会坚持做多或做空该品种，并长期持有，不容易被暂时的调整洗出，经常还会利用调整的机会加仓。一旦判断准确，往往一波行情就能赚得盆满钵满。而技术分析，在行情出现大的调整时，很容易被洗出来，如果不能及时回补，容易错过大的投资机会，如果中间反向交易，还会造成亏损。

虽然基本面分析有如此多的优势，其劣势也是很多很明显的，尤其是对于那些没有信息优势的中小投资者。

第一，任何投资者对基本面信息的掌握都是片面和不完全的，包括有信息优势的投资者。现实的供求关系就不太好确定，即使某一品种供应好确定，但需求往往不好确定，更何况其未来的供应和需求。现货商一开始做期货往往是赔的，主要是因为他们常常用现货的眼光看期货，就像养猪专业户，看到现在猪价好，利润高，都拼命增加养殖量，结果等猪出栏时又过剩，只能赔本卖。供求关系现在紧张，并不能代表未来也紧张，现在宽松不能确定未来也宽松，因为影响供求关系的因素实在太多，而且错综复杂。上面案例中，幸运张前面因基本面分析与市场一致，让他盈利到有点膨胀，他后面的基本面分析与市场不一致，导致他损失惨重。如果幸运张能正确了解到当时基本面的全面信息，在豆油价格下跌时，他也许就不会再抄底做多，应该会在高位把多仓平了，甚至反向做空，如果真是这样，他应该能盈利好几个亿，可惜没有"如果"。前面的盈利是因为基本面看对了，后来的亏损是因为基本面看错了，而谁又能保证自己一直看对不看错呢？

第二，对相同信息的解读，不同的投资者也会不一样。

2004 年 6—9 月，当期货黄与期货公司的研究员探讨铜的后市时，期货黄把非常看涨铜的理由逐条罗列给他，并预测铜将要涨到大家想象不到的价位。这位资深的铜研究员最后不好意思地对期货黄说，他还是看跌。2004 年 6—9 月铜的走势图参见图 2-2。

第三，基本面信息可能已经反映在期货价格变化上，也可能还没有反映，反映的程度也不好确定。所谓利多出尽成利空，利空出尽变利多也是这个道理。2014 年下半年，当沪深 300 指数期货开始上涨时，许多证券公司的资深专家就认为经济形势等基本面还是不好，股票市场不具备上涨的条件，而期货黄则认为这些不好的因素已经被市场比较充分地消化了。2014 年沪深 300 指数期货走势图参见图 2-5。

第四，市场认可的基本面未必与所谓真实的基本面一致，而所谓真实的基本面也未必是真的真实。前面的案例中，油菜李所谓真实的基本面就与市场认可的基本面不一致，市场认可的是油菜会被冻死，而油菜李认可的是油菜不会被冻死，虽然事后证明油菜李是对的，但也阻挡不了豆油价格因市场错误判断所导致的暴涨，让他"牺牲"在"黎明前的黑暗"中。牛顿投资股票失败后说："我可以判断天体运行的轨迹，却无法预测人类的疯狂。"关于这一点，我们后面还将引入广义供求关系的概念。

第五，价格与供求关系之间不存在一一对应关系，同样的供求关系可能对应大相径庭的价格。现在铜的供求关系比 2003

年宽松得多，但价格却也比 2003 年高得多。

第六，供求关系不是简单的实际供求，而是包含投机供求在内的广义供求关系。比如，一天之内，某期货品种实际供求关系并没有发生大的变化，而期货价格却波动很大，用狭义的供求关系就无法解释。如果把实际生产比喻成进水管，实际消费比喻成出水管，那么广义的供求就像是它们之间的蓄水池，相对于生产者（进水管），它就是需求方，而相对于消费者（出水管），它就是供应方。当基本面信息被市场解读为利多时，生产者、消费者、贸易商一般都会增加库存，蓄水池的水位就会抬高，在供求关系上表现出供不应求，再加上期货市场纯投机者做多力量的增加，期货价格就表现为上涨，而实际生产和消费可能并没有发生大的变化。相反，当基本面信息被市场解读为利空时，生产者、消费者、贸易商一般都会减少库存，蓄水池的水位就会降低，在供求关系上表现出供过于求，再加上期货市场纯投机者做空力量的增强，期货价格就表现为下跌。

正因为如此，基本面分析就转变为题材分析，看题材被市场解读为利多还是利空，而与实际的供求关系和影响似乎关系不大。2008 年春节前后雪灾的案例中，前面雪灾被市场"错误"解读为利多，豆油价格大幅上涨，而后来发现雪灾并没有给油菜造成任何影响，被市场正确解读为利空，豆油价格又暴跌。不管市场解读正确与否，豆油价格却是真真切切地暴涨又暴跌了。

又比如 2019 年 1 月 25 日，巴西淡水河谷尾矿库溃坝事

件，导致当时铁矿石期货价格加速上涨，当公司表示并未对铁
矿石生产造成太大影响时，铁矿石期货价格又有较大程度回落。
2019年铁矿石期货走势图如图3-4所示。

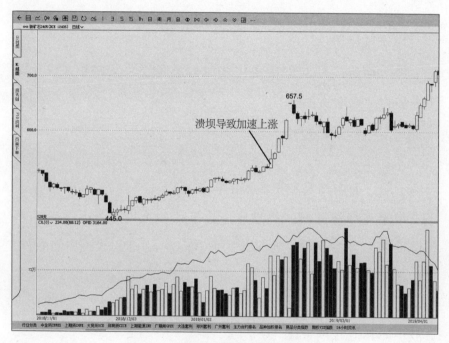

图3-4 2019年铁矿石期货走势图

　　这就是广义的供求关系，是期货黄为解释这些不好理解的
现象而引入的概念，权当自己的小发明，其实很可能有其他人
也提出过。

　　正是因为基本面分析有这些实际问题，所以基本面分析有
时对有时错就不足为奇了。而对错只能事后才能判定，因此形
成不确定性。那么在实际操作中应该如何进行基本面分析呢？

如何进行基本面分析

在进行期货投资实际操作时，可以从如下几个方面进行基本面分析。

1. 宏观经济

许多期货品种的价格变化往往与宏观经济紧密相关，比如工业品和金融期货品种。

当宏观经济向好的方向发展，而通胀压力又比较小时，有色金属、化工产品、黑色金属等工业品和股指期货的价格往往容易上涨，而农产品和贵金属的价格则表现较弱。

当宏观经济向好，而通胀压力又比较大时，则几乎所有品种的价格都容易上涨。尤其是同时具有商品和金融属性的品种，比如铜、铝、镍等有色金属。黄金、白银等贵金属虽然也兼有部分商品属性，但主要表现为金融属性，所以价格上涨的速度一般不如其他有色金属。

当宏观经济走弱，通胀压力又比较小时，政府未来释放流动性的可能性就比较大，则几乎所有品种的价格都不容易下跌，即使下跌，空间也不会很大。但能否上涨以及上涨的空间如何，则取决于政府实行的宏观经济政策和效果。

当宏观经济走弱，通胀压力又比较大，处于滞胀时，政府未来释放流动性的可能性就比较小，有色金属、化工产品、黑色金属等工业品和股指期货的价格往往容易下跌，而农产品等生活必需品和贵金属的价格则比较容易上涨。

当然，这里说的是大概，具体情况要具体分析。

2.微观

具体到每个交易品种，还要分析它当时以及未来的产量、进出口量、库存和需求变化情况，充分利用数据和逻辑分析其未来可能形成的供求关系。

3.题材分析

对于某一具体品种，需要探究目前市场正关注和炒作的题材是什么，该题材是利多还是利空，价格变化是否与炒作的题材一致。比如上面2008年雪灾的案例中，前面炒作的题材是油菜被冻死了，利多，价格暴涨，与价格变化趋势一致。后面炒作的题材是油菜没有被冻死，利空，价格暴跌，也与价格变化趋势一致。

4.基本面分析资料的来源途径

基本面分析资料的来源途径主要有以下几个：①专业机构的研发报告；②市场调研结果；③行情系统提供的相关信息。每一套行情分析系统，都会有大量有关基本面的信息供投资者参考，有宏观的，也有微观的。

5. 基本面分析要与技术分析相结合

习惯基本面分析的投资者，可以通过基本面信息来决定交

易方向，通过技术指标来选择入市点和平仓时机，当技术指标
与基本面一致时才进场交易，不一致时平仓观望。在雪灾案例
中，结合期货黄总结的技术指标，如果油菜李不逆势操作，等
到技术指标也看跌，与他的基本面判断一致时才做空，在单量
始终不变的情况下，从 2008 年 2 月 15 日到 3 月 20 日一个月
左右的时间，他只做空的理论回报率（相对于保证金，保证金
比例为 10%）是 84.3%，后面他很有可能赚得更多，因为后
来豆油价格跌到了 5000 元 / 吨左右。同样，如果幸运张不逆
势操作，等到技术指标也看涨，与他的基本面判断一致时才做
多，在技术面看跌时，只及时平仓，而不去逆势抄底，从 2007
年 7 月 30 日至 2008 年 3 月 20 日，他可以盈利 316.7%。如
果纯按技术指标操作，而不管基本面看涨看跌，油菜李可盈利
108.3%，反而盈利更多了，而幸运张可盈利 314.5%，与上面
盈利差不多。油菜李和幸运张在 2008 年春节前后按不同的策略
所得到的理论回报率见表 3-1。

表 3-1　油菜李和幸运张在 2008 年春节前后按不同策略所得到的理论回报率

交易者	交易时间段	交易品种	纯按基本面分析的交易结果	基本面和技术面结合的理论回报率	纯技术面的理论回报率
油菜李	2008-2-15—2008-3-20	豆油	在盈利机会到来前赔光	84.30%	108.30%
幸运张	2007-7-30—2008-3-20	豆油	先暴赚，后赔光	316.70%	314.50%

表 3-1 中数据显示，纯按技术指标进行交易，完全不考虑

基本面，也能获得很好的交易结果，甚至更好。这是否说明基本面分析有点多余，甚至成事不足败事有余呢？我们将在下一章详细讨论这个问题。

基本面分析如何与量化交易相结合

基本面分析虽然包含大量的主观色彩，很难量化，但在计算机自动量化交易中，并非完全没有用武之地，可以在如下几个方面发挥积极作用。

（1）选择交易品种。通过基本面分析，把可能有大的投资机会的交易品种选入纯量化交易品种池。如果选择正确，能够提高总资金的盈利能力。

（2）确定交易方向。通过基本面分析确定大的交易方向，通过技术分析选择入市和平仓时机，实现半自动量化交易。如果选择正确，也能够提高总资金的盈利能力。

（3）合理分配资金。通过基本面分析，对可能有大机会的品种分配更多的资金量。如果选择正确，同样可以提高总资金的盈利能力。

（4）AI量化交易。将来AI技术完全有可能将基本面信息进行量化，计算机自动寻找相关信息，自动判断并决定交易方向，基本面分析也能实现全自动量化交易，让我们拭目以待。

诗人云："我独坐须弥山巅，将万里浮云一眼看穿。一个人在雪中弹琴，另一个人在雪中知音。先是在雪山的两边遥相误解，然后用一生的时间奔向对方的胸怀。"期货黄说，期货基本面的万里浮云错综复杂、变幻莫测，投资者对基本面的了解不一定真实和全面，是一眼看不穿的，即使看穿了，期货价格也不一定是基本面的知音，市场解读认可的基本面与所谓"真实"的基本面常常会有差距，甚至完全相反，它们也会相互误解，发生背离，等到它们奔向双方一致时，也许投资者已经牺牲在黎明前的黑暗中。

最后附非诗非词一首，以为总结，提醒一下那些喜欢左侧交易的基本面派。

基本面，双刃剑，信息真来真亦假，信息假来假亦真。

若看对，且顺势，先知又先觉，指方向，强信心，数钱数到手抽筋。

若看错，还逆势，聪明反被聪明误，失良机，频止损，砍仓砍到自觉蠢。

清江水，期货泪，天天盼反转，毕竟逆趋势。可惜许多钱，竟赔给了投资机会！

| 本章小结 |

1. 基本面分析简单来说就是供求关系分析，供不应求，价格将上涨，供过于求，价格将下跌。而价格的涨跌又会反过来影响供求关系，价格上涨会刺激供应的增加和需求的减弱，价格的下跌会引发需求的增加和供应的减少，但这些都是理论上的，实际情况比这复杂得多。

2. 基本面分析的优点：①及时和超前性；②较高的准确性，投资胜率较高；③如果分析正确，能抓住大行情，回报率高。

3. 基本面分析的缺点：①基本面信息的片面和不完全性；②相同的基本面信息，不同的投资者会有不同的解读；③基本面信息可能已经反映在期货价格变化上，也可能还没有反映，反映的程度不好确定；④市场认可的基本面未必与所谓真实的基本面一致，而所谓真实的基本面也未必是真的真实；⑤价格与供求关系之间不存在一一对应关系，同样的供求关系可能对应大相径庭的价格；⑥供求关系不是简单的实际供求，而是包含投机供求在内的广义供求关系。

4. 广义的供求关系，让基本面分析转变为题材分析，看题材被市场解读为利多还是利空，而与实际的供求关系不大，所以进行基本面分析时，重点关注当时炒作的题材和市场的解读方向。

5. 基本面分析主要从宏观和微观两方面入手，并将这两方面因素落实到交易题材上。基本面信息主要来自行情交易软件和专业机构的研发报告、调研报告及各种行情研讨会等。

6. 虽然目前基本面分析不太好量化，很难完全采用计算机自动交易，但在交易品种选择、交易方向选择和资金分配上能够发挥积极作用，且随着人工智能和 AI 技术的不断发展，实现基本面分析纯量化也是有可能的。

在发现大的投资机会方面，基本面分析似乎有着明显的优势，同时需要与技术面结合，确定开仓时机和平仓时机，但基本面分析一旦看错，轻则错过机会，重则损失惨重。而技术面似乎能够将交易方向的选择与开、平仓时机自然而然地结合在一起，看似完美，却也美中不足。请看下一章：期货投资之技术面分析。

杨花不倚东风势，

怎好漫天独自狂

第四章

期货投资之技术面分析

眼见为实，耳听为虚。虽然有时候耳听或许真为虚，但眼见未必全是实。在分析预测期货价格变化、选择交易方向时，如果把技术面当作眼见，把基本面当作耳听，确实技术面比基本面似乎更客观一些。统计结果也显示，单纯按某些技术指标交易，其交易结果不亚于按基本面分析，甚至可能更好。虽然技术分析似乎能够把交易方向的选择与出入市时机的选择完美地结合在一起，但也是个概率问题，有时对，有时错，对对错错、错错对对，在对与错的轮回中最终实现盈利。技术分析的操作意义，不仅在于预测方向，更在于跟随和借势。采用技术分析的投资者，通过学习、统计、研究、总结，找到适合自己的技术指标，及时跟随该指标发现价格趋势，充分借助该趋势，在期货投资的天空中漫天狂舞，并最终舞出精彩的利润。尺有所短，寸有所长，各种分析方法各有优缺点，但在可量化、实现自动化交易方面，技术分析具有其他方法不可比拟的天然优势。

技术分析之概念和原理

简单理解，期货技术分析就是通过某一期货品种现在和过去的价格变化趋势，来预测其未来的价格变化趋势。

期货技术分析有三个基本原理：价格变化包含一切；价格沿趋势运动；历史会重演。

1. 价格变化包含一切

这是指某一期货品种过去和现在的价格变化，包含了影响该品种价格变化的一切因素。其中包括该品种过去和现在的供求关系，以及投资者对该品种未来供求关系的预测（基本面分析），也包括参与该品种交易的投资者对价格变化所做的反应（技术分析），甚至还包括某些投资者的心血来潮和一时冲动的交易。而未来总是变化发展的，现在和过去的价格变化，很难包含未来价格变化发展的一切因素，期货价格只能随着未来因素的变化而变化，所以通过期货现在和过去价格的变化去预测其未来价格的变化，就会有时间差，有不确定性。

2. 价格沿趋势运动

由于影响商品价格变化的主要因素不会轻易发生变化，所以期货价格总是沿一定趋势变化，通常上涨或下跌一定幅度后往往会继续上涨或下跌。然而，事物发展总是由量变到质变，不轻易发生变化并不等于不发生变化，所以趋势也是变化的，涨势可以变成跌势，跌势也能变成涨势，有时还会发生震荡，似乎没有明确的、持续的方向。另外，趋势有大小之分，长期的涨势，其中可能会有短期的跌势，反之亦然。过后看是明显的涨势或跌势，在价格波动的时候却不好判断，这些都会形成趋势的不确定性。技术分析中的趋势交易策略就是要发现并跟随趋势，所以交易结果的盈亏也会有不确定性。

3. 历史会重演

历史往往有惊人的相似之处，期货价格变化也一样。但相似并不等于完全相同，重演不是简单的重复，有相似的时候，也有不相似甚至完全相反的时候。虽然价格变化的表现形式有可能相似，影响价格变化背后的因素却可能千差万别，就像生病发烧，并不一定都是流感引起的，病因可能千差万别，治疗的方法也不尽相同。

正是因为有了这三个基本原理，通过已经发生的价格变化规律去预测未来的价格变化，即通过技术分析去预测未来的价格变化才成为可能，技术分析交易策略才有现实的操作意义。但这三者的局限性也决定了技术分析方法和其他方法一样，是相对的、概率性的，也会经常出现亏损，虽然最终总的交易结果是盈利的（如果策略是对的话）。

技术分析之优缺点

相比基本面分析，技术分析有如下几个明显优势。

1. 更客观

技术面看到的是实实在在的价格变化，是客观存在的事实，依据过去和现在的真实价格变化去预测其未来的价格变化，虽然不一定完全正确，存在概率问题，但它的依据是真实和客观的。而基本面分析主要依据的是该品种现在和未来可能的供求关系信息，由于信息的不完整和不对称性，以及投资者对信息的解析不同，基本面分析往往带有很大的主观性。也就是说，除了投资者对基本面信息的解析带有一定的主观色彩，其所依据的信息本身就有可能是主观和片面的。这就好比一辆由西向东行驶的汽车，基本面派通过掌握的信息认为汽车行驶到大概什么位置就可能会掉头，而技术派则认为只有看到汽车有掉头的迹象时才能确定汽车有可能掉头。

2. 更全面

基本面分析一般用来预测价格变动的大方向，而对大概什么时候涨或什么时候跌，大概涨多高或跌多深，往往无能为力。而技术分析除了预测价格变化的大方向，还会预测出入市点，即同时包含什么时候涨、跌以及涨多高、跌多深的问题。虽然基本面分析和技术分析都无法做到一定准确，都是概率问题，但技术分析的作用似乎更全面。基本面是预测，技术面是跟随，跟随本身就包含有预测的成分。

3. 可量化

基本面信息很难量化，没有客观标准，很难实现计算机自动化操作；而技术分析，由于价格和技术指标是客观标准的，非常容易量化，可轻松实现计算机自动化操作。自动化交易不仅可以大幅减少交易员盯盘和下单的压力，大幅提高下单和成交的速度，减少滑点的影响，还能避免操作者心态不稳对交易造成的不利影响。

金无足赤，人无完人，有优点就会有缺点，技术分析的缺点也是很明显的。

1. 滞后性

绝大部分技术指标都是滞后的，只有当价格上涨或下跌了一定幅度之后，技术指标才会显示看涨或看跌。这种滞后性，导致许多投资者不敢轻易跟进，即使跟进，也怕赶上调整。这就要求投资者有好的心态，专注于趋势而非价格。而基本面分析，可以根据有关基本面的信息，加上逻辑分析，提前预测其未来可能的价格变化，具有先知先觉性，但这样的先知先觉，如果不与技术面结合，老是逆势左侧交易，也会带来不小的损失，等行情真正与自己的预测一致时，可能已经亏得差不多了。期货黄在2012年前后沪深300指数期货的交易就是典型的案例（参看第二章相关内容）。可能有人马上要问，既然要与技术指标结合，那直接按技术指标操作不就可以了吗？关于这一点后面我们还要探讨。

2. 把握大行情的能力略差

用技术指标确定交易方向时，若采用周期比较长的技术指标，虽然有利于抓住大的投资机会，但开仓和平仓时机都会严重滞后，使得盈利大幅缩水；若采用周期短一些的技术指标，又常常会提前平仓，但过早平仓反而还会带来亏损。所以，选择合适的周期指标也很重要，后面我们还要探讨这个问题。

3. 准确率（胜率）略低

在选择大的交易方向上，虽然基本面和技术面都无法做到绝对正确，都是概率问题，但基本面分析的胜率似乎要更高，尤其是那些有基本面信息优势的投资者。而许多技术指标主要追求的是盈亏比，投资者不得不以牺牲胜率的方式去博得更高的盈亏比，从而实现盈利。

技术指标之周期选择

技术指标一般都有长、短期之分，比如移动平均线，可以是5日、10日、15日、20日和更长的线，也可以是1小时、30分钟、15分钟、10分钟、5分钟甚至更短的线。技术指标的周期越短，投资机会越多，越能及时控制风险和锁定收益。但是，周期越短的技术指标，其影响因素也越多、越短、越复杂，行情来回震荡的概率就越大，趋势就越不明显，做多做空都亏损，被涮的概率就越大，且交易频率越高，滑点和手续费（交易成本）的影响就越大。而周期长的技术指标，价格趋势的影响因素相对较少，趋势也较明显，被涮的概率会明显降低，交易频率低，交易成本也就较少，但因无法及时控制风险和锁定收益，单次交易的风险较大，投资机会也相应减少。所以，选择好适合自己的技术指标，同时还要选择好该技术指标合适的长短周期，既不能太长，也不能太短，而且品种不同，适合的周期也不完全相同，即使同一技术指标、同一品种，不同年份、不同长短周期，结果也不相同。对此，期货黄对沪深300指数、黄金、天然橡胶2011—2020年同一技术指标3个不同周期的仿真交易结果进行了统计和对比，见表4-1和表4-2。

10年统计结果表明，周期较短时，虽然单次亏损幅度小，但累计收益创新高前的平均回撤和最大回撤反而比长周期更大，虽然短周期能够及时锁定收益，交易机会更多，但因被涮的概率增加，导致胜率下降，加上交易频率相对高，交易成本增加，总的收益和稳定性反而比长周期低。另外，从统计数据还能看出，周期太长，不仅每次交易的亏损幅度会增加，所带来的好处边际效应也在下降，比如沪深300指数和天然橡胶。对于有的交易品种，当周期太长时，甚至各项指标都开始走低，比如黄金，见表4-1和表4-2中的相关统计数据。图4-1、图4-2和图4-3分别为沪深300指数、黄金、天然橡胶2011—2020年同策略不同周期按月度统计的收益曲线。

表 4-1　2011—2020 年几个交易品种同策略不同周期的每次交易结果统计

交易品种	技术指标周期	交易次数	盈利次数	胜率	平均盈利幅度	平均亏损幅度	盈亏比	最大盈利幅度	最大亏损幅度	平均回撤	最大回撤	年均交易成本	年均回报率
沪深300指数	5日	408	169	41.42%	20.30%	13.30%	1.53	162.70%	63.30%	94.60%	307.90%	19.49%	25.04%
	10日	255	105	41.18%	28.10%	16.60%	1.69	167.30%	78.60%	68.30%	240.50%	12.09%	46.47%
	15日	205	96	46.83%	29.50%	18.50%	1.59	167.30%	70.10%	71.10%	248.10%	9.78%	81.24%
黄金	5日	355	149	41.97%	19.60%	13.30%	1.47	138.00%	102.10%	118.50%	284.00%	35.36%	18.68%
	10日	251	115	45.82%	23.70%	15.40%	1.54	155.60%	102.10%	58.60%	242.40%	24.92%	63.67%
	15日	220	102	46.36%	24.40%	18.10%	1.35	155.60%	102.10%	84.30%	347.60%	21.75%	34.87%
天然橡胶	10日	264	104	39.39%	50.10%	30.80%	1.63	232.10%	123.30%	186.60%	879.20%	44.06%	27.82%
	15日	209	90	43.06%	58.30%	36.40%	1.60	306.10%	99.10%	142.80%	484.20%	34.53%	91.07%
	20日	189	84	44.44%	60.80%	38.40%	1.58	306.10%	168.70%	159.70%	351.10%	31.06%	107.27%

注：统计结果扣除了滑点和手续费（交易成本）。

表 4-2　2011—2020 年几个交易品种同策略不同周期的月度交易结果统计

交易品种	技术指标周期	交易月数	盈利月数	月度胜率	平均月度盈利幅度	平均月度亏损幅度	盈亏比	最大月度盈利幅度	最大月度亏损幅度	平均月度回撤	最大月度回撤	年均交易成本	年均回报率
沪深300指数	5日	120	59	49.17%	32.00%	26.90%	1.19	157.50%	106.10%	101.40%	281.10%	19.49%	25.04%
	10日	120	68	56.67%	31.30%	32.00%	0.98	167.30%	146.10%	66.80%	240.50%	12.09%	46.47%
	15日	120	70	58.33%	30.30%	26.10%	1.16	167.30%	109.20%	85.30%	231.40%	9.78%	81.24%
黄金	5日	120	59	49.17%	30.50%	26.40%	1.16	137.90%	113.10%	110.70%	280.80%	35.36%	18.68%
	10日	120	63	52.50%	30.10%	22.10%	1.36	155.60%	113.10%	60.80%	241.00%	24.92%	63.67%
	15日	120	60	50.00%	31.60%	25.80%	1.22	155.60%	113.10%	99.00%	346.20%	21.75%	34.87%
天然橡胶	10日	120	57	47.50%	67.70%	56.90%	1.19	232.10%	215.10%	193.70%	879.20%	44.06%	27.82%
	15日	120	64	53.33%	67.90%	61.30%	1.11	306.10%	221.20%	136.10%	484.20%	34.53%	91.07%
	20日	120	66	55.00%	65.60%	60.30%	1.09	306.10%	337.20%	151.40%	338.80%	31.06%	107.27%

注：统计结果扣除了滑点和手续费（交易成本）。

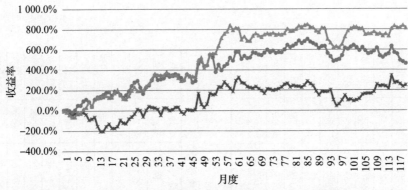

图 4-1　2011—2020 年沪深 300 指数同策略不同周期月度收益曲线对比

图 4-2　2011—2020 年黄金同策略不同周期月度收益曲线对比

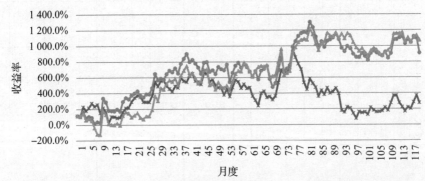

图 4-3　2011—2020 年天然橡胶同策略不同周期月度收益曲线对比

　　期货黄还对其他主要交易品种的周期做了统计（统计结果就不一一展示了），得到如下几点结论：

　　（1）同一策略、同一技术指标、不同交易品种，都有各自适合的指标周期，需要通过统计和及时跟踪去获得，即使同一品种、同一指标，在不同的年份，其最适合的指标周期也可能会有所不同，但相对固定。所以，确定不同品种的技术指标周期也是非常重要的工作。

　　（2）周期不能太长，也不能太短。太长，会导致投资机会减少，单次交易亏损大；太短，交易成本高，被涮的概率高。

　　（3）每个交易品种价格波动周期不同，技术指标最合适的周期也不相同，需要统计和总结，找到该品种该指标比较适合的周期。期货黄统计发现，他的技术指标，大部分品种10日至20日线比较适合，少数品种，比如10年期国债，5日线比较适合。

　　（4）基本面比较明确时，技术指标的周期可以相对长一点。

　　（5）技术指标不同，不同品种所适合的周期也可能不同，需要通过统计获得。

期货黄之技术指标

　　通过过去和现在的价格变化规律去预测未来的价格变化，是技术分析的基本原理，而这样的规律理论上有无数种可能性，所以市面上有许多有关技术分析的书，书中有许许多多各种技术指标，这里就不一一赘述了，投资者完全可以从中选择适合自己的技术指标，也可以根据自己的长期总结发明自己的技术分析指标。

期货黄就是用自己总结的技术指标来选择交易方向的，该指标类似于周 K 线的支撑位和阻力位与移动平均线的结合体，实际指标非常简单，且便于计算机自动识别，上破阻力位做多，即平空仓并开多仓，下破支撑位做空，即平多仓并开空仓。与移动平均线相结合，便于该指标能够完全量化，可实现全自动交易。涨势和跌势判断以及交易方向选择示意图如图 4-4 和图 4-5 所示。

这里不给大家提供该指标的相关细节，主要考虑如下原因：①本书试图告诉读者寻找操作策略的方法，而非具体策略本身，此所谓授之以鱼，不如授之以渔；②投资者的风险承受能力、交易经验、性格等各不相同，适合的操作策略也会有所不同，即使把一套好的策略完全告知，如果不是经过操作者的深入研究得到的，操作者未必能够坚持，特别是该策略遭遇挫折时；

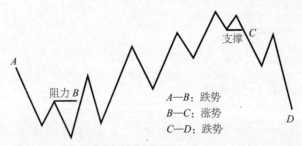

图 4-4　按周 K 线支撑和阻力选择交易方向示意图

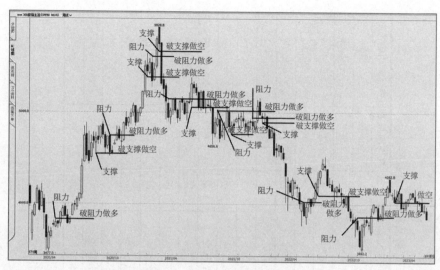

图 4-5　期货黄选择交易方向之技术指标示意图

③出于商业机密的考虑，即使是非常好的策略，如果大家都用，效果往往会大打折扣，甚至可能完全失效。

表 4-3 为期货黄用他总结的技术指标选择交易方向的月度仿真交易结果统计，很显然，该指标对各主要交易品种都适用，只是盈利大小不同而已，有的回报非常高，有的低一些。

图 4-6、图 4-7 和图 4-8 分别为 2011—2021 年螺纹钢、沪深 300 指数、沪黄金按期货黄总结的技术指标交易，所得到的月度盈亏数据和月度累计盈亏曲线。从图中可以明显看出，虽然每月的盈亏具有很大的不确定性，但累计的结果（收益曲线）却是逐步上升的，当然单一品种收益曲线的波动也是挺大的，不是很平滑。如何让盈利更稳定，收益曲线变得更平滑，后面我们将在第六章和第七章做详细探讨。

表 4-3　按某一技术指标选择交易方向，各主要交易品种的月度盈亏统计

交易品种	交易月数	盈利月数	月度胜率	平均月度盈利幅度	平均月度亏损幅度	盈亏比	月均回报率	折合年均回报率
沪深 300 指数	132	76	57.58%	29.50%	26.10%	1.13	5.90%	70.80%
沪黄金	132	68	51.52%	28.80%	21.80%	1.32	4.30%	51.60%
上海期货铜	132	65	49.24%	42.80%	37.20%	1.15	2.20%	26.40%
螺纹钢	132	70	53.03%	54.60%	42.40%	1.29	9.00%	108.00%
天然橡胶	132	69	52.27%	66.00%	60.90%	1.08	5.40%	64.80%
PTA	132	75	56.82%	53.60%	43.70%	1.23	11.60%	139.20%
豆粕	132	73	55.30%	37.30%	39.00%	0.96	3.20%	38.40%
棉花	132	69	52.27%	40.00%	28.60%	1.40	7.20%	86.40%
沪铝	132	75	56.82%	36.00%	27.80%	1.29	7.40%	88.80%
棕榈油	132	77	58.33%	43.70%	47.50%	0.92	5.70%	68.40%
沪镍	75	47	62.67%	50.20%	63.80%	0.79	7.70%	92.40%
铁矿石	96	59	61.46%	87.00%	73.20%	1.19	25.30%	303.60%
焦炭	113	72	63.72%	75.00%	71.00%	1.06	22.00%	264.00%
玻璃	108	58	53.70%	51.80%	44.30%	1.17	7.30%	87.60%
10 年期国债	80	50	62.50%	36.80%	38.40%	0.96	8.60%	103.20%
郑商所甲醇	120	63	52.50%	60.60%	50.30%	1.20	7.90%	94.80%

注：统计结果扣除了滑点和手续费（交易成本）。

图 4-6　2011—2021 年螺纹钢按某技术指标交易的月度盈亏曲线

图 4-7　2011—2021 年沪深 300 指数按某技术指标交易的月度盈亏曲线

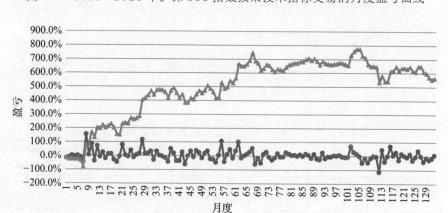

图 4-8　2011—2021 年沪黄金按某技术指标交易的月度盈亏曲线

基本面与技术面之结合

上面我们讨论的是纯按某一技术指标交易的结果，但如果技术指标与基本面相结合，其交易结果会如何？这主要取决于投资者对基本面分析的正确度，然而谁又能保证自己对基本面的判断一定是正确的呢？

通过基本面分析确定的交易方向，有时与技术指标确定的交易方向一致，有时则不一致。一致时好办，不一致时该如何选择交易方向和操作？

不管技术指标，纯粹按基本面确定的交易方向进行操作，显然是不可取的，它会导致经常性的左侧交易，即使基本面完全看对了，也有可能在行情真正启动前，因多次止损，而牺牲在黎明前的黑暗中。期货黄2012年开始做多沪深300指数期货时所犯的错误就是这样（见第二章相关内容）。更何况基本面也有完全看错的时候，那时损失会更加惨重。

等到基本面和技术指标一致时再进行操作，双重保险，理论上应该是最好的选择，但实际交易并非如此。我们先来看表4-4中的统计数据，分别为上海期货铜、沪深300指数、天然橡胶期货在某段时期的交易结果。

表 4-4　基本面和技术面结合与纯技术面交易结果对比

交易品种	交易时间	只做多的交易结果	只做空的交易结果	纯按技术多空都做的交易结果	期货黄当时对基本面的判断
上海期货铜	2004年6月—2005年5月	**106.40%**	−344.70%	**−238.30%**	做多

（续）

交易品种	交易时间	只做多的交易结果	只做空的交易结果	纯按技术多空都做的交易结果	期货黄当时对基本面的判断
沪深300指数	2012年1月—2015年12月	**432.40%**	246.20%	**678.60%**	做多
天然橡胶	2014年4月—2021年12月	**−634%**	448.50%	**−185.50%**	做多

注：统计结果扣除了滑点和手续费（交易成本）。

从表 4-4 中可以看出，上海期货铜在统计期间如果按基本面和技术面一致时才操作，比纯按技术指标操作，交易结果明显要好得多，由亏损 238.30% 变成盈利 106.40%。但话说回来，假如期货黄当时基本面看空，按基本面与技术面一致时才操作，即只做空，那么就变成亏损 344.70%，损失更加惨重。天然橡胶的交易结果似乎能充分说明这一点，在统计期间，期货黄对天然橡胶一直看多，认为橡胶价格已经低于割胶成本，所以他只做多，不做空，当技术指标也看涨，与他所谓的基本面一致时才操作，结果亏损 634%。如果不管基本面，纯粹按技术指标操作，则亏损 185.50%，明显好于只做多。如果只做空，假如他坚决看空的话，期间就能盈利 448.50%。残酷的现实是，在天然橡胶价格大幅低于割胶成本的情况下，有几个投资者敢坚决看空。

再来看沪深 300 指数期货，在统计期间，期货黄对股指的基本面是看多的，只是技术上还没有显示做多时就开始逆势抄底，结果损失不小。就在其逆势做多快要赔光的时候，终于行情开始向他基本面判断的方向变化，他凭借少量的资金获得了较大幅度的上涨空间，见第二章相关内容。但若等到技术指标也看涨，与他分析的基本面一致时再做多，结果会更好，表4-4中统计结果显示盈利432.40%，不过，如果他不管基本面，纯粹按技术指标操作，他的盈利将更可观，为盈利678.60%。

综合以上，期货黄认为，如果纯粹按基本面选择交易方向，是非常不可取的。因为即使基本面看对了，也可能因逆势操作而赔得差不多，牺牲在黎明前的黑暗中，更何况万一基本面看错，损失会更加惨重。如果等到基本面与技术面一致时再操作，理论上应该更好，但实际交易却不一定，甚至可能更不理想。因为基本面看对时结果更好，基本面看错时交易结果就会很差，比如表4-4中上海期货铜只做空的情形，天然橡胶只做多的情形，同时还有可能错过明显的投资机会，比如表4-4中上海期货铜放弃做多的机会，天然橡胶放弃做空的机会。也许只有在基本面信息上有优势的投资者才可以采用这种方式，基本面与技术面一致时才操作，不一致时离场观望。所以，期货黄最后觉得，对于普通投资者纯粹按技术指标选择交易方向似乎是最现实的折中选择，它同时兼顾了基本面看对和看错两种情形，交易结果最稳定，也符合中国文化的中庸之道，除非基本面有特别强优势的情形，但谁又能保证基本面是真的看对了呢？

诗人云："花啊，想开就开，想不开，难道就不开了吗？你明明不想开，可还是开了。"期货黄却说："价格啊，涨了就是涨了，跌了就是跌了，你想让它不涨或不跌，难道它就不涨或不跌吗？"你明明不想它涨或跌，可它还是涨了或跌了，关键是你要设法应对任何形式的涨跌，不管涨跌对你有利或不利，因为涨跌不是你能控制的，你不仅要应对任何形式的价格波动，尽可能减少不利波动对你的影响，还要设法充分利用价格波动，为你创造更大的收益。天晴晒被子，下雨收衣服，世界上的事情大致如此。

｜本章小结｜

1. 简单理解，期货技术分析就是通过期货现在和过去的价格变化趋势，来预测其未来的价格变化趋势。期货技术分析有三个基本原理：①价格变化包含一切；②价格沿趋势运动；③历史会重演。但这三者都有一定的局限性。

2. 相比基本面分析，技术分析有如下几个明显优势：①更客观；②更全面；③可量化。

3. 相比基本面分析，技术分析也有如下几个明显缺点：①滞后性；②把握大行情的能力略差；③准确率（胜率）较低。

4. 不同技术指标，不同交易品种，都有各自适合的指标周期，需要通过统计和及时跟踪去获得，所以，在应用某种技术指标时，确定不同品种的技术指标周期也是非常重要的工作。

5. 期货黄选择交易方向所使用的技术指标类似于破周K线上的支撑位和阻力位，破支撑平多仓反向做空，破阻力平空仓反向做多，为实现纯量化交易，他同时引入了类似移动平均线的技术分析工具。

6. 基本面与技术面如何协调。期货黄认为：纯粹按基本面选择交易方向是非常不可取的，因为即使基本面看对了，也可能因逆势操作而赔得差不多，牺牲在黎明前的黑暗中，更何况万一基本面看错，损失会更加惨重。基本面与技术面一致时再操作，理论上应该更好，但实际交易却不一定，甚至可能更不理想，因为基本面看对时结果更好，基本面看错时交易结果就会很差，同时还有可能错过明显的投资机会，具有基本面信息优势的投资者也许可以采用这种方式。对于普通投资者来说，纯粹按技术指标选择交易方向似乎是最现实的折中选择，它同时兼顾了基本面看对和看错两种情形，交易结果最稳定。

技术面，各种线，历史情形（走势）可再现，同时它也可能变。多总结，好指标，就可不变应万变。价格包含一切，涨跌都有道理，而你一旦跟进，盈利自然欢喜，趋势发生变化，亏损找谁说理。趋势有大有小，不知顺谁是好。技术分析是个宝，倘若迷信就变草。

选择交易方向，除了投资者普遍采用的基本面和技术面分析，还有一种小众分析方法——大机构交易和持仓变化分析，请看第五章：期货投资之机构动向。

大船稳稳可破浪，
小舟悠悠好掉头

期货投资之机构动向

大鱼吃小鱼，小鱼吃虾米。期货市场上，某些机构由于拥有行业信息和资金等方面的优势，有时会对某一交易品种的价格变化产生一定的影响。于是，有些投资者就干脆对这类机构的交易动向进行分析，比如对其加减仓情况进行梳理，并依此决定自己的交易方向和出入市时机。这样的投资策略是否可取？期货黄不想妄下结论，只想谈谈自己的看法。

山中多老虎，谁能当霸王

山中无老虎，猴子称霸王。但如果山中有许多老虎，那谁又能称霸王呢？人类历史发展告诉我们，得民心者得天下，期货市场亦如此。中国期货市场经过30多年的发展，市场规模有了翻天覆地的变化，由过去的几个交易品种发展至现在的100多个交易品种，保证金规模由最低时不足百亿元，发展到2022年年底近1.8万亿元，参与交易的投资者更是不计其数，尤其是大量法人等机构投资者的参与，使得期货交易更加公平、公开、公正，所形成的期货价格更加合理。正是因为市场规模大，机构众多，无论哪个机构都要顺应市场价格的变化，而不能企图操纵市场价格。因为某些机构一旦犯错，往往会被其他机构"群殴"，成为其他机构的牺牲品，所谓老虎多了无老虎就是这个道理。

　　这类法人机构往往有如下几方面的特点：①本身就是做套期保值的，是从事相关品种的生产、消费或者贸易的机构，有相关品种的信息优势，能够比较准确地掌握相关品种的供求关系；②大的机构往往从事期货交易的资金量比较大，一旦做错了方向，不能及时止损和掉头，所以它们在决定交易方向之前，会投入大量的时间和精力进行调研；③具有资金优势，交易的成交量和持仓量都比较大，会在一定程度上影响价格的变化。正因为如此，许多中小投资者，往往对大机构的投资动向非常关注，甚至有些迷信，比如他们所关注的某些机构增加了多头头寸，他们就跟着做多，一旦其大幅度减仓，他们也会跟着平仓，也不管基本面或技术趋势是否与该机构的交易方向一致。表 5-1 和表 5-2 分别为 2023 年 5 月 12 日沪深 300 指数 6 月期货合约成交量和持仓量前 20 名变化情况。

表 5-1　2023 年 5 月 12 日沪深 300 指数 6 月期货合约成交量前 20 名变化情况

成交量龙虎榜				
排名	会员号	会员名	成交量	增减量
1	1	国泰君安	9212	4523
2	18	中信期货	5981	1518
3	133	海通期货	3449	1792
4	156	上海东证	2464	473
5	125	华闻期货	2435	830
6	113	国信期货	1935	991
7	11	华泰期货	1652	614
8	7	光大期货	1234	738
9	16	广发期货	1186	811

（续）

成交量龙虎榜				
排名	会员号	会员名	成交量	增减量
10	167	方正中期	1040	22
11	3	永安期货	1015	337
12	109	银河期货	950	294
13	105	平安期货	884	482
14	115	中信建投	808	396
15	165	中银期货	801	733
16	131	申银万国	709	377
17	9	浙商期货	645	−17
18	182	华西期货	635	318
19	12	五矿期货	594	293
20	122	国投安信	585	175
合　计			38214	15700

表 5-2　2023 年 5 月 12 日沪深 300 指数 6 月期货合约持仓量前 20 名变化情况

多头持仓量龙虎榜					空头持仓量龙虎榜			
排名	会员号	会员名	多头持仓量	增减量	会员号	会员名	空头持仓量	增减量
1	18	中信期货	12617	259	18	中信期货	14791	602
2	1	国泰君安	11322	1414	1	国泰君安	9143	272
3	11	华泰期货	4143	−64	165	中银期货	9012	725
4	16	广发期货	3676	−189	11	华泰期货	8849	260
5	156	上海东证	3666	388	156	上海东证	5016	334
6	3	永安期货	3065	−201	122	国投安信	3886	−7
7	122	国投安信	2957	84	133	海通期货	2992	446
8	133	海通期货	2835	897	323	摩根大通	2601	
9	109	银河期货	2460	−137	136	招商期货	2570	−20
10	9	浙商期货	2417	−13	10	中粮期货	2526	6
11	131	申银万国	2227	48	16	广发期货	2295	−341
12	110	宝城期货	2149	194	115	中信建投	1936.	−36
13	115	中信建投	1735	180	113	国信期货	1848	302
14	8	东海期货	1625	25	317	瑞银期货	1847	−20

（续）

多头持仓量龙虎榜					空头持仓量龙虎榜			
排名	会员号	会员名	多头持仓量	增减量	会员号	会员名	空头持仓量	增减量
15	2	南华期货	1435	83	109	银河期货	1731	13
16	113	国信期货	1388	373	7	光大期货	1630	321
17	155	海证期货	1359	166	105	平安期货	1514	29
18	186	东兴期货	1326	5	131	申银万国	1304	29
19	136	招商期货	1276	37	3	永安期货	1219	
20	7	光大期货	1146	25	125	华闻期货	1091	519
合　计			64824	3574	合　计		77801	3434

期货黄认为：主要经纪商每日的交易数据、交易方向、成交量、持仓量数据虽然是投资者可以参考的依据，但主要依靠这种数据来决定自己的交易方向和出入市点未免有些草率。理由如下：

第一，一般情况下，有做多机构，就会有做空机构。如何选择站队，哪些机构是对的？如果把机构持仓变化与价格趋势相结合，比如价格是涨势，就跟随做多的机构，关注它们的持仓变化。但常常是价格下跌了，其持仓也不一定减少，甚至还有可能大幅度增加，如何操作？如果总结发现某些经纪商的交易方向大部分的时候是对的，就紧跟该经纪商，但同时若跟错则损失也会更大，因为它认错的成本会更高，掉头的难度会更大。

第二，由于行业内机构往往有基本面的信息优势，跟随行业大机构的交易也常常是一些投资者的选择。但经纪商的持仓变化是该经纪商所代理的全部客户的持仓变化，而不一定是该品种行业内某些机构大户的持仓变化，不一定能反映该品种真实的供求关系。另外，大机构为了分散风险和隐藏自己的真实意图，还会在不同经纪商处分仓，你看到的持仓变化也许只是冰山一角。

第三，即使是业内大机构也有做错或者保值交易的时机不是太好的时候，如果普通投资者按机构大户保值的节奏进行投资，往往会损失惨重。因为保值交易者，期货赔钱，往往意味着现货能赚更多的钱，这类机构往往有足够的资金实力去维持保值头寸，甚至增加保值的量，而不需要止损，这与普通投资者的投机操作是完全不一样的。比如国内某粮油大机构2003年年底在大豆上所做的做空保值操作，3000元/吨以上开始做空，当价格涨到4100元/吨时，期货上浮动亏损10多亿元，但其现货也因此升值10多亿元，因此该机构一直持有该保值头寸，且价格上涨又给该机构提供了更好的保值机会，该机构继续保值操作。当快要进入交割时，大豆价格又跌至2800元/吨以下，该机构在期货和现货两个市场共盈利15多亿元。如果是普通投资者，这样操作很可能会损失惨重。图5-1为2004年大连商品交易所9月合约大豆期货走势图。

第四，即使大机构能够在一定程度上操纵市场价格，当其大幅度增减头寸时，其他一般投资者也很难及时发现，因为交易所要等到收盘后才能公布当天的成交和持仓变化。等到其他一般投资者发现自己所关注的机构已经增仓或减仓时，往往为时已晚，价格也已经上涨或下跌了较大幅度，自己船小好进出、好掉头的优势反而无用武之地。

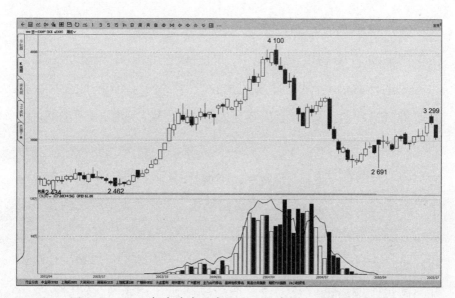

图 5-1　2004 年大连商品交易所 9 月合约大豆期货走势图

　　第五，大机构做错了方向，因为单量太大，一般不能及时止损，否则容易引起价格的大幅波动，带来更大亏损。有时被迫死扛或者分步操作，将头寸一点一点处理，但这也有可能因操作不及时造成更大的亏损，更难以及时反向操作。所以，普通投资者反而更加灵活，一旦做错，不仅能够及时止损，还能及时反向操作。

　　所以，期货黄认为，与其跟随大机构持仓变化选择交易方向，还不如跟随自己总结的策略和技术指标选择交易方向。下面是两个真实的中小投资者把所谓的机构大户"吃掉"的投资案例。

两条被虾米吃掉的大鱼

大鱼吃小鱼，小鱼吃虾米，似乎是天经地义的事情。然而，在中国期货市场的发展过程中，即使是在那山中无老虎，猴子称霸王的年代，也存在虾米把大鱼吃了的怪事情，而且两次都被期货黄恰巧赶上了，两次期货黄都是其中幸运的一只小虾。

1999 年春节前，北京某农业开发企业是北京当时菜篮子工程的主力，拥有强大的资金实力。当时中国整个期货市场三大交易所的保证金大概 100 亿元，该机构就占 10 多亿元。该机构在 1 月合约大豆上凭借自己的资金实力，多逼空成功赚得好几亿元的利润，同时交割获得了大量大豆标准仓单。贪心不足蛇吞象，该机构并不满足于取得的收益，没有把仓单抛在 3 月或 5 月等后面邻近的合约上，而是顺势在后面合约月份上投机做空，因为它做空有天然的仓单和资金优势。当时没有其他任何机构能与它抗衡，它多逼空后，还能来一场漂亮的空逼多，奇怪的是春节前它把后面所有月份的空头都平了仓，继续做多后面合约并增加多头头寸。明眼人一看就知道，该机构在赌节后国际市场大豆价格上涨，不仅仓单能够升值，大量的投机头寸还能盈利。遗憾的是，期货市场并非赌场，春节过后，芝加哥期货交易所（CBOT）大豆价格并没有像该机构希望的那样上涨，而是恰恰相反，CBOT 大豆继续原先的跌势，且又有了较大幅度的下跌，如图 5-2 所示。想到自己手里还有大量的仓单实物，该机构不得不砍掉手里的多头头寸，错误的是它先砍掉了 7 月、9 月、11 月等远月合约的多头头寸，而继续留有 3 月、5 月等近月合约多头头寸，使得近月合约价格像山顶上的唯一一棵望天树，高高在上。几乎市场中的所有投资者都看到了这一奇观，联想到该机构还有大量大豆仓单在手中，其他投资者，包括大量像期货黄一样的小虾米，在远月合约做空取得首战告捷之后，也都勇敢地加入做空近月合约的行列。近月合约的大豆价格在广大投资者的积极做空之下，也开始土崩瓦解，考虑到手里还有大量实物，又怕国际大豆价格继续下跌，该机构不得不砍掉近月合约的大豆多单并反手做空以对冲手里的仓单。该机构以最终损失 3 亿多元而宣告操纵失败，成为一条被广大虾米吃掉的大鱼。从此，该公司从北京菜篮子工程的大公司名单中销声匿迹了。

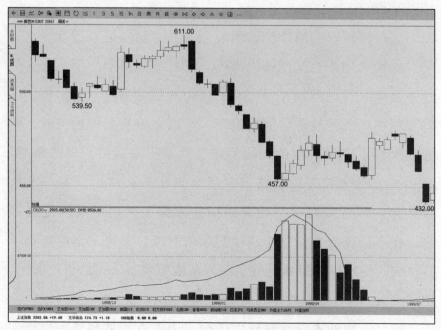

图 5-2　1999 年 CBOT 5 月合约大豆期货走势图

　　小虾米期货黄参与吃的第二条大鱼是 2003 年 6 月合约的上海期货交易所的天然橡胶。4 月初，还是在那个山中无老虎，猴子称霸王的期货年代，某几个资金实力较强的机构，企图通过多逼空的方式操纵天然橡胶的期货价格，并从中获利。当时天然橡胶 6 月合约期货的价格，比当时橡胶的现货价格每吨高出 1000 多点，买现货卖期货可以稳稳盈利，于是吸引了大量投资者来做空橡胶。越多人做空，操纵者越高兴，因为其目的就是要把该合约月份的持仓量不断扩大，通过拉高期货价格和交割逼仓的方式，让大量不能交货的投机盘被迫止损出局，用期货市场上的大量逼仓盈利去弥补实盘可能的少量亏损，如果赶上橡胶现货价格将来也涨了，还有可能两头盈利。

　　这种严重扭曲期货价格的现象，为交易所监管层察觉，并及时提醒它们不要试图操纵市场。交易所的果断出手，让它们的联合操纵行动开始瓦解，有的机构开始大幅度减仓出逃，这意味着在现货价格低迷的情况下，多逼空没有操作的可能，持仓的大幅下降和价格的大幅下跌又引发了多杀多和新的做空。最后，天然橡胶期货价格出现了连续 3 个跌停板外加一个放大跌停。期货黄在一开始看到持仓大幅下降时就及时跟进做空，在市场操纵者偷鸡不成蚀把米的时候，他也幸运地吃到了几块肉。这次操纵直接导致了深圳某大型期货公司的破产倒闭。图 5-3 为 2003 年天然橡胶的期货走势图。

　　所以，我们不能只看到大机构由于拥有信息和资金优势盈

利的时候，而忽略了它们做错了方向无法及时止损和反向交易
的艰难，只看到它们吃肉，没看到它们挨饿。如果你要紧跟它
们的脚步，请先打听好了：此次投资，是吃肉否？期货黄突然
想起了"廉颇老矣，尚能饭否？"

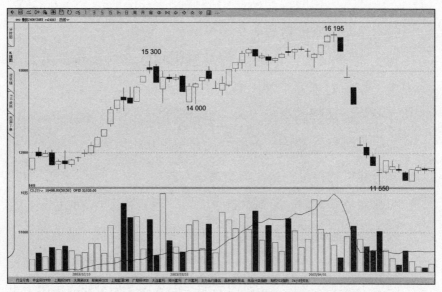

图 5-3　2003 年上海 6 月合约天然橡胶期货走势图

　　诗人云："你站在桥上看风景，看风景的人正站在楼上看你。"
期货黄认为，波浪是由所有参与的水滴形成的，你不用考虑主要
是由哪些水滴形成的，作为一般水滴，你只需要随波逐流。期货
市场的所有投资者，在市场规模较大、监管严格的期货大风大浪
中，只要紧紧跟随趋势，就可以与趋势一起惊涛拍岸，卷起千堆
雪。如果你在期货操作过程中能始终关注自己事先制定的策略和
顺应趋势，而不是主要关注某个大户或所谓庄家的动向，也许你

自己就是期货投资美丽风景中最亮丽的那一道。

| 本章小结 |

　　虽然大机构的交易动向是选择交易方向的参考因素之一，但以此作为主要依据是非常不可取的，理由如下：

1. 既有做多机构，同时也有做空机构，谁对谁错，不好确定，以前对不等于这次也对。

2. 某经纪商的持仓变化，不一定代表在该经纪商交易的某些行业大户的持仓变化，更何况行业大机构也有看错的时候。另外行业机构很可能是保值交易，与投机交易的操作方法不同。

3. 机构做错了方向，因为单量太大，一般不能马上及时止损，否则容易引起价格的大幅波动，带来更大亏损，有时被迫死扛或者分步操作，将头寸一点一点处理，但这也有可能因处理不及时造成更大的亏损，更难以及时反向操作，如果普通投资者也这样操作，相当于用人所短，放弃自己所长（交易的灵活性）。

4. 跟随机构交易往往落后于机构的行动。

　　期货投资选择交易方向的两个主要方法——基本面分析和技术分析。无论采用何种方法，或者两者结合，只要方法运用正确，虽然长期看具有盈利的必然性，但盈利的稳定性较差。如何让期货投资盈利既必然又稳定，并以此实现长期的超高收益？请看第六章：期货投资之资金管理。

北方下雨南方旱，

东方不亮西方亮

期货投资之资金管理

一花独开不是春，百花齐放春满园。稳定盈利是大部分期货投资者追求的目标，也是实现长期超高收益的基本前提，其短期收益，又为许多期货投资者所不齿，他们觉得这样太慢，而曾经的我也是这样。为了寻找可持续、稳定、回报率相对高的期货投资策略，期货黄进行了长期而艰苦的探索，从多策略到套利交易，再到相对高频的日内交易，最后发现，最有效的方法却是最简单、最原始、最朴素的方法：把鸡蛋放在不同篮子里。"淡极始知花更艳，花到无艳始称绝"。当发现实现目标的方法竟然如此简单时，期货黄兴奋不已，禁不住感慨："众里寻他千百度，蓦然回首，那人却在，灯火阑珊处！"

西双版纳之秋夜

某年中秋时节，在中国天然橡胶的主产地——美丽的西双版纳，期货黄晚上和云南农垦的几位朋友一起来到澜沧江畔，一边喝茶、一边赏月、一边聊着天然橡胶的价格。其时，天高江阔，山隐水急，浓浓的月色照在江面上，泛起层层银光。月光裹杂着淡淡的雾气，像空气中飘动的液体，滑滑的。期货黄不由得想起了家乡的一首儿歌："月光光，月流流，打烂灯罐泼洋油。"

农垦的朋友王总说："天然橡胶价格很奇怪，现在胶农的割胶成本单人工费就要13000元／吨左右，而现在胶价都到了12000元／吨以下，还没有止跌的迹象。""有的胶农都开始砍树改种香蕉和甘蔗了"宋总接着说。期货黄浪漫的心情又回到残酷的现实中来，正是因为天然橡胶的价格已经远远低于割胶的人工费，这几年他放弃了其他品种的交易，专心致志关注天然橡胶的做多机会。因为天然橡胶的下跌空间非常有限，做多风险非常小，而上涨空间却有可能非常大，历史上天然橡胶价格曾经高达每吨 4 万多元，而且最近原油价格的大涨和汽车产销数据都有利于天然橡胶价格的上涨。期货黄吸取以前股指等品种逆势操作（抄底，左侧交易）牺牲在黎明前的黑暗中的教训，只有当技术指标也显示看涨时才进场做多，只是每次交易基本上都是满仓。他心里非常清楚，指望目前天然橡胶价格涨得很高不太现实，因为天然橡胶价格处于高位时，胶农大量种植的橡胶树正进入割胶的壮年期，所以只能靠单量取胜，而非盈利幅度。他非常自信地认为只要不逆势操作并及时止损，就不会亏损太多，更不太可能赔光，而当价格最终上涨达到他预测的幅度时，还能有非常丰厚的回报。然而一次次的浮动盈利最后都变成了一次次的实际亏损，连他自己都记不清止损了多少次，在不知不觉中，账户里的资金就赔得所剩无几了，这是他始料未及的结果，他因此变得有些忧郁。

　　将南唐后主李煜的《虞美人·春花秋月何时了》稍做修改正反映他此时此刻的心情："春花秋月何时了？止损知多少。橡胶近期仍看空，亏损不堪回首月明中。账户资金应犹在，只是金额改。问君能有几多愁？恰似澜沧江水向南流。"

　　"黄总，喝茶！"朴总的一声提醒让期货黄的心情从抑郁又回到浪漫的月色中，月光皎洁，天空如洗，月亮的周围竟然还多了一圈彩虹，江面上，依然水流湍急，波光粼粼。

天然橡胶上累计的大幅亏损，其他品种上错过的大量投资机会，让期货黄真正懂得资金管理分散风险的重要意义。即使特别看好，也不能把全部资金满仓压在单一品种上，因为特别看好也可能是错的。他想，期货品种那么多，这几年投资机会都很大，为什么偏偏死盯着天然橡胶这一个品种呢？真是不可思议，期货黄微笑着摇了摇头。就像在热带雨林中寻找回家的道路，他开始了期货投资稳定盈利策略的艰苦探索与追求。一想到亏损换来的经验教训和自己的初步探索的成果，热闹的江边也让他感到无比宁静，他慢慢地品了一口甘甜的普洱茶。

同品种多策略

无论采用基本面分析还是技术分析选择交易方向，期货黄都属于趋势交易者，而趋势交易策略在遇到单边上涨或单边下跌行情时，盈利往往非常可观，但当行情进行调整发生震荡时，就往往损失惨重。于是，期货黄想，如果部分头寸采用趋势策略，部分头寸采用震荡策略，在不降低总收益的情况下，是否能使收益曲线更加平滑，甚至增加总的收益？根据这一想法，期货黄按某一技术指标选择交易方向，同时采用两种策略对螺纹钢2014年12月29日至2017年8月11日间的行情进行了仿真交易统计。其中一种策略是按该技术指标选择交易方向，同时设置一定幅度的止损和回补策略，此策略为有止损情况下的趋势策略，属于单一策略。另一种策略为两种策略的组合，一半头寸为上面的趋势策略，另一半头寸当盈利幅度大于或等于止损幅度时就平仓，属于震荡策略，统计数据见表 6-1。统计结果发现：组合策略能够在一定程度上提高胜率，由 42.02% 上升至 47.90%，最大持续亏损幅度由 92.4% 降低至 77.7%，虽然并未观察到明显的改善，但所带来的不利影响却十分明显。由于震荡策略将盈利及时锁定，导致总的收益率和盈亏比都大幅度下降，总收益由 1184.2% 下降至 607.9%，减少一半左右，盈亏比也由 2.7 下降至 1.7。在最大亏损幅度基本不变时，最大盈利幅度下降了一半多，由 219.9% 降至 97.8%。这种得不偿失的结果有点出乎期货黄的预料，他甚至一时想不明白为什么趋势策略与震荡策略的互补性这么差。于是，他又进一步统计了趋势策略亏损时，震荡策略盈利的比例，发现只占 15.6%，同时，趋势策略盈利时，震荡策略亏损的比例同样达到 12.0%。通过上面的统计结果和一段时间的思考，他明白导致趋势交易亏损的主要原因并非震荡本身，而是交易方向和入市点的选择，且主要是交易方向的选择。也就是说，只要交易方向和入市点的选择正确，亏损就是可以避免的，震荡市只是在一定程度上增加了交易方向和入市点选择的难度，而任何策略都无法保证交易方向和入市点的选择永远是对的。同时震荡策略没有让盈利继续奔跑，导致总的收益率下降。为了提高交易的稳定性，期货黄不得不放弃多策略组合这条看似光明实则有点黑暗的道路。

表 6-1　螺纹钢按某一技术指标趋势交易，单一策略和两种策略组合盈亏情况对比（2014 年 12 月 29 日至 2017 年 8 月 11 日，共 119 波趋势交易）

交易策略	胜率	平均盈利幅度	平均亏损幅度	盈亏比	最大盈利幅度	最大亏损幅度	最大持续盈利幅度	最大持续亏损幅度	趋势亏损，震荡盈利比例	趋势盈利，震荡亏损比例	总盈亏幅度
顺趋势交易并设置固定止损和回补策略（单一策略）	42.02%	48.5%	18.0%	2.7	219.9%	42.9%	279.3%	92.4%			1184.2%
一半头寸顺趋势且设置固定止损和回补策略，一半头寸设置止损幅度＝止盈幅度（组合策略）	47.90%	29.0%	16.8%	1.7	97.8%	42.9%	136.7%	77.7%	15.6%	12.0%	607.9%

注：统计结果扣除了滑点和手续费。

高频和日内短线

期货黄想，在日间属于震荡的行情，在日内也许就是趋势行情，就像把一根弯弯曲曲的绳子拉直会变长一样，日内交易不仅能够增加投资机会，而且日内交易还能回避隔夜价格跳空而无法及时止损的情况，此外增加交易频率，还能减少交易的不确定性。如果把日间趋势策略作为长线策略，而把日内趋势策略作为短线策略，二者结合，是否可以增加交易盈利的稳定性，使得收益曲线更加平滑呢？期货黄才进行1个月左右的实盘日内短线交易，就明显地发现这条看似光明的康庄大道，背后也是条漆黑的死胡同。

期货黄发现，在实际交易过程中，除了交易手续费（期货交易所和期货公司的佣金）是无法回避的成本，更大的成本是滑点的影响。滑点是指价位触发后，因流动性等原因，不能在触发价位及时成交，导致实际成交价格和触发价有一定的差距。几波日内趋势行情交易下来，理论上应该盈利颇丰的投资机会，实际交易往往不赚钱甚至亏损，他把结算单上的实际交易数据与他的交易策略理论数据一一进行对比，发现开仓或平仓点被触发时，理论上下一个价位应该成交的，实际上往往要再隔1～2个甚至更多个价位。比如沪深300指数期货，1个月左右的实际交易结果，每次交易（开、平双边）平均滑点为1.6，加上交易所和期货公司手续费约0.4个点，一次交易的平均成本约为 2 个点。也就是说，若平均每个交易日交易 10 次（不算太高频），沪深 300 指数期货每天的交易成本就是 20 点，一年按 250 个交易日计算，就是 5000 点的交易成本。假设目前沪深 300 指数期货价格为 3000 点，按 15% 保证金计算，一年约 1100% 的理论收益因滑点和手续费而灰飞烟灭，即你的策略理论收益必须大于 1100% 才能赚到钱。期货黄想，这样的好策略并不那么好找。其他交易品种同样存在这个问题，见第一章中的特别说明，这里就不一一赘述，所以高频和日内短线策略，期货黄也毅然决然地放弃了。

套利交易

所谓套利交易，就是当相关品种之间（跨品种套利），或者同一品种不同月份之间（跨期套利和期现套利），或者同一品种不同交易所之间（跨市场套利，比如内外盘之间）存在不合理的差价时，通过一个做多，另一个做空，等价格回归合理区间时同时平仓的一种交易策略。此策略一般风险非常小，但收益也很有限，更主要的是这样的机会不会很多。因为市场正常情况下不会产生套利机会，只有市场不正常的情况下，才会产生套利机会，但市场不正常毕竟是少数情况，放弃大量的正常市场机会，等待少数不正常机会，是舍本逐末。所以，这样的策略，期货黄也很快否决了。

　　期货黄想，是否存在这样的策略，既非常稳定且回报率又较高，既不用担心缺少机会且市场容量又比较大，还具有长期性？一枚无意间掉落的硬币所引发的思考，让他想起了控制风险和保障收益最原始、最朴素、最简单的方法——把鸡蛋放在不同的篮子里，即同时交易多个品种，让品种之间形成对冲。

同策略多品种

　　期货黄发现，影响各品种价格波动的因素是不完全相同的，甚至千差万别，比如工业品和农产品的影响因素就相差甚远，即使某段时间影响各品种价格变化的主要因素是一致的，但各品种对该因素的反应程度、反应方式也不一样，导致各品种的价格变动节奏也不完全相同，有的品种可能是单边上涨或下跌，其他品种可能是震荡上涨或下跌。正是同一时期各品种价格变化的方向和节奏不完全相同，使得不同品种之间形成对冲成为可能。应用相同策略，把资金分散到不同品种上，单一品种上每次大的亏损和大的盈利，由于资金的分散，就会分割成许多次相对小的亏损和相对小的盈利，而各品种之间由于价格变化节奏不完全相同，小盈小亏之间形成对冲，即使相关性比较大的品种也能产生一定程度的对冲，对冲的结果就会使得单一品种的大盈大亏，变成多品种的小盈小亏，单品种较长时间的盈利或较长时间的亏损，转化为多品种更长时间的盈利和较短时间的亏损，最大回撤明显降低，收益曲线平滑稳定而非大起大落，就像由单根大柱子支撑的房屋不如由多根分散的相对小的柱子支撑的房屋更加牢固一样。

这里有一个隐含的前提，就是该策略对单一品种长期来说必须是盈利的，但可以不稳定，让许多不稳定的盈利组合在一起通过相互对冲变成稳定或基本稳定的盈利。这就像许多条上下（盈亏）大幅震荡的曲线，通过分散投资，拟合成一条上下（盈亏）波动很小的曲线。在2011—2021年的11年间期货黄按某一技术指标进行仿真交易，表6-2为沪深300指数期货等9个品种各年的盈亏以及把资金平均分散到9个品种的各年盈亏，图6-1为沪深300指数期货等9个品种各年的盈亏变化图，9个品种各自上下翻飞的年度盈亏曲线，通过把资金分散到9个品种上，盈亏对冲后得到一条平滑的年度盈亏曲线（图中带圆点的曲线）。扣除交易成本，在11年中，除了一年有小幅亏损，其他年份都是盈利的，盈利的稳定性大幅度提高。

1. 相关性小的品种之间的对冲

期货黄对沪深300指数期货、黄金、螺纹钢、天然橡胶、

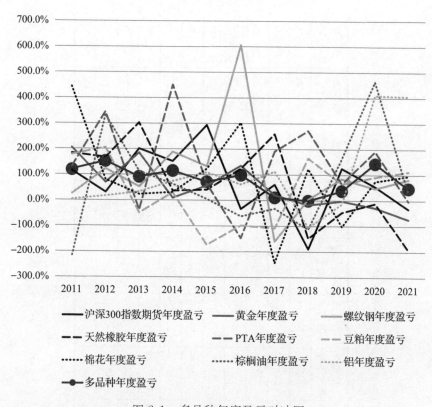

图 6-1　多品种年度盈亏对冲图

PTA、豆粕、棉花、棕榈油、铝 9 个交易活跃、相关性又比较
小的品种进行了统计和研究。表 6-3 为 2011—2021 年按某一
技术指标做多或做空，单一品种和多品种每次交易结果统计对
比，表 6-4 为 2011—2021 年按某一技术指标做多或做空，单
一品种和多品种月度交易结果对比。表 6-2 和表 6-3 中多品种
交易是指把总资金平均分散到上述 9 个品种上的交易。

表6-2 2011—2021年按某一技术指标交易，各交易品种年度盈亏和资金平均分散到各品种的年度盈利情况统计

年份	沪深300指数期货年度盈亏	黄金年度盈亏	螺纹钢年度盈亏	天然橡胶年度盈亏	PTA年度盈亏	豆粕年度盈亏	棉花年度盈亏	棕榈油年度盈亏	铝年度盈亏	多品种年度盈亏
2011	115.4%	205.4%	25.5%	183.5%	132.4%	178.2%	444.3%	-215.9%	3.6%	119.2%
2012	31.1%	69.5%	122.8%	167.1%	344.9%	206.3%	80.6%	333.8%	17.4%	152.6%
2013	201.2%	185.3%	53.3%	303.1%	-38.2%	-49.0%	23.6%	113.9%	33.7%	91.9%
2014	152.6%	9.2%	189.3%	37.9%	451.3%	30.1%	32.1%	64.0%	75.0%	115.7%
2015	293.7%	57.8%	133.1%	41.2%	64.5%	-173.4%	123.9%	5.3%	109.6%	72.8%
2016	-33.5%	135.5%	606.6%	124.0%	-146.6%	-97.8%	303.7%	-62.0%	62.1%	99.1%
2017	61.8%	21.2%	-159.6%	259.0%	191.5%	-108.3%	-244.9%	-31.7%	113.2%	11.4%
2018	-189.8%	-17.3%	4.6%	-147.6%	272.3%	165.8%	123.8%	-112.2%	-105.6%	-0.7%
2019	125.1%	-1.9%	84.6%	-46.3%	64.7%	64.8%	-101.9%	163.6%	-13.1%	37.7%
2020	54.8%	-28.0%	47.2%	-11.3%	192.3%	91.7%	74.6%	464.5%	410.2%	144.0%
2021	-32.1%	-72.9%	82.3%	-193.5%	-2.1%	112.8%	96.3%	30.4%	405.8%	47.5%

注：统计结果扣除了滑点和手续费（交易成本）。

表6-3　2011—2021年按某一技术指标做多或做空，单一品种和多品种每次交易结果对比

品种	交易次数	盈利次数	胜率	平均盈利幅度	平均亏损幅度	盈亏比	年总的交易结果盈利的概率	最大单次盈利幅度	最大单次亏损幅度	盈利年数占比	最大年盈利幅度	最大年亏损幅度	平均年理论回报率
沪深300	226	105	46.46%	28.80%	18.60%	1.55	69.21%	167.30%	70.10%	9/11=82%	293.70%	189.80%	70.90%
黄金	281	127	45.20%	23.20%	15.40%	1.51	67.96%	155.60%	102.10%	7/11=64%	205.40%	72.90%	51.30%
螺纹钢	276	119	43.12%	42.30%	24.50%	1.73	69.02%	249.90%	91.70%	10/11=91%	606.60%	159.60%	108.20%
天然橡胶	231	99	42.86%	56.10%	36.60%	1.53	58.81%	306.10%	99.10%	7/11=64%	303.10%	193.50%	65.20%
PTA	221	100	45.25%	46.40%	25.80%	1.8	74.80%	302.40%	131.90%	8/11=73%	451.30%	146.60%	138.80%
豆粕	281	116	41.28%	30.90%	19.10%	1.62	67.42%	147.20%	81.10%	7/11=64%	206.30%	173.40%	38.30%
棉花	225	93	41.33%	36.30%	18.40%	1.97	77.80%	226.00%	95.80%	9/11=82%	444.30%	244.90%	86.90%
棕榈油	230	96	41.74%	44.20%	26.00%	1.7	71.70%	162.10%	137.80%	7/11=64%	464.50%	215.90%	68.50%
铝	217	107	49.31%	29.90%	18.90%	1.58	84.82%	152.50%	87.30%	9/11=82%	410.20%	105.60%	101.10%
多品种	2188	962	43.97%	4.11%	2.50%	1.64	95.81%	34.01%	15.31%	10/11=91%	152.63%	0.67%	81.02%

注：统计结果和除了滑点和手续费（交易成本）。

表 6-4 按某一技术指标做多或做空，单一品种和多品种按月度交易结果对比

品种	交易月数	盈利月数	月胜率	月平均盈利幅度	月平均亏损幅度	月盈亏比	最大月盈利幅度	最大月亏损幅度	盈利年数占比	最大年盈利幅度	最大年亏损幅度	平均年理论回报率	平均回撤	最大回撤
沪深300	132	76	57.58%	29.50%	26.10%	1.11	167.30%	109.20%	9/11=82%	293.70%	189.80%	70.90%	-85.30%	-231.40%
黄金	132	68	51.52%	28.80%	21.80%	1.32	155.60%	113.10%	7/11=64%	205.40%	72.90%	51.30%	-60.80%	-241.00%
螺纹钢	132	70	53.03%	54.60%	42.40%	1.29	249.90%	171.00%	10/11=91%	606.60%	159.60%	108.20%	-131.30%	-275.80%
天然橡胶	132	69	52.27%	66.00%	60.90%	1.08	306.10%	221.20%	7/11=64%	303.10%	193.50%	65.20%	-145.30%	-585.50%
PTA	132	75	56.82%	53.60%	43.70%	1.23	302.40%	273.20%	8/11=73%	451.30%	146.60%	138.80%	-137.50%	-329.40%
豆粕	132	73	55.30%	37.30%	39.00%	0.96	147.20%	177.20%	7/11=64%	206.30%	173.40%	38.30%	-150.40%	-525.40%
棉花	132	69	52.27%	40.00%	28.60%	1.4	185.60%	113.80%	9/11=82%	444.30%	244.90%	86.90%	-67.10%	-442.40%
棕榈油	132	77	58.33%	43.70%	47.50%	0.92	162.10%	147.20%	7/11=64%	464.50%	215.90%	68.50%	-145.40%	-408.80%
铝	132	75	56.82%	36.00%	27.80%	0.92	126.20%	110.90%	9/11=82%	410.20%	105.60%	101.10%	-73.30%	-212.70%
多品种	132	78	59.09%	20.40%	12.90%	1.58	123.20%	54.70%	10/11=91%	152.63%	0.67%	81.02%	-25.50%	-82.20%

注：统计结果扣除了滑点和手续费（交易成本）。

从表 6-3 和表 6-4 统计的结果中明显看出：在保持年平均盈利能力 81.02% 的情况下，把资金分散到多个品种上比集中资金在单一品种上，各项指标都有明显改观，尤其是大幅度提高了盈利的稳定性，年总交易结果盈利的概率，也由单品种的平均 71.28% 大幅上升至多品种的 95.81%。月度胜率由平均 54.88% 提高到 59.09%，月度盈亏比由平均 1.14 提高到 1.58，平均单次亏损由各品种平均 22.59% 下降至 2.50%，最大单次亏损由各品种平均 99.66% 大幅下降至 15.31%，月度亏损幅度由 37.53% 下降至 12.90%，最大月度亏损幅度由平均 159.64% 降至 54.70%，盈利年数占比由平均 74% 提高到 91%，最大年度亏损幅度更是由平均 166.91% 大幅降到 0.67%，所观察到的平均回撤（相对于占用保证金）由 110.71% 大幅降至 25.50%，最大回撤也由平均 361.38% 降到 82.20%。表 6-4 中的统计数据还明确告诉我们，为什么不能在单一品种上满仓操作，因为统计的全部 9 个品种最大月度亏损幅度相对于保证金都大于 100%。

图 6-2 至图 6-10 为 2011—2021 年各单品种的月度收益和月度累计收益曲线与多品种同时交易的月度收益和月度累计收益曲线对比图，从各图中能非常明显看出多品种的收益曲线明显平滑，月度盈亏和月度累计盈亏波动幅度大幅度减小。图 6-11 为单一品种（沪深 300 指数期货）、多品种（9 品种）各年的盈亏和累计盈亏曲线，多品种盈利曲线比单一品种明显要稳定得多，几乎年年盈利。

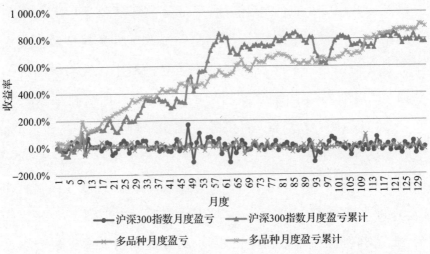

图 6-2　沪深 300 指数与多品种月度收益、月度累计收益曲线对比图

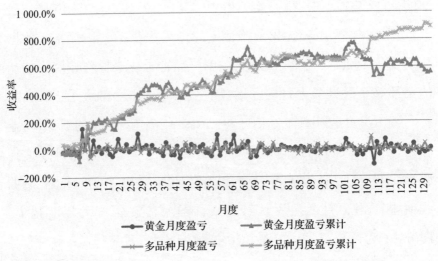

图 6-3　黄金与多品种月度收益、月度累计收益曲线对比图

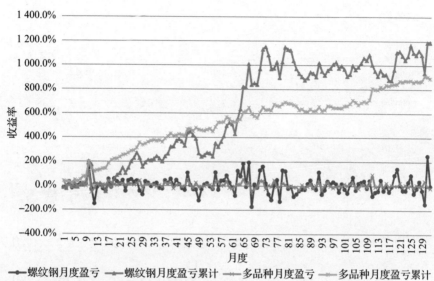

图 6-4　螺纹钢与多品种月度收益、月度累计收益曲线对比图

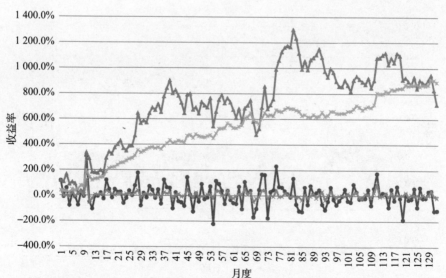

图 6-5　天然橡胶与多品种月度收益、月度累计收益曲线对比图

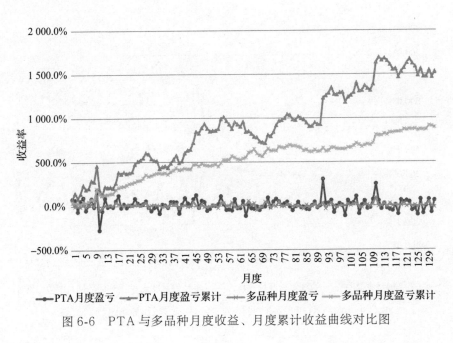

图 6-6　PTA 与多品种月度收益、月度累计收益曲线对比图

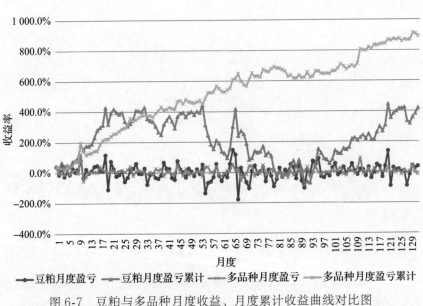

图 6-7　豆粕与多品种月度收益、月度累计收益曲线对比图

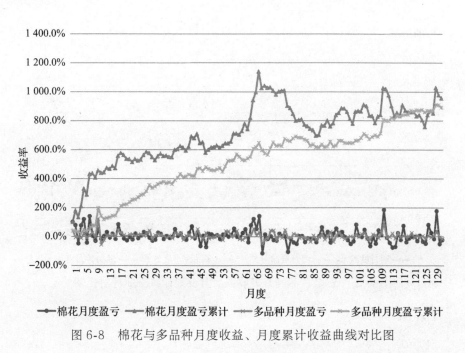

图 6-8　棉花与多品种月度收益、月度累计收益曲线对比图

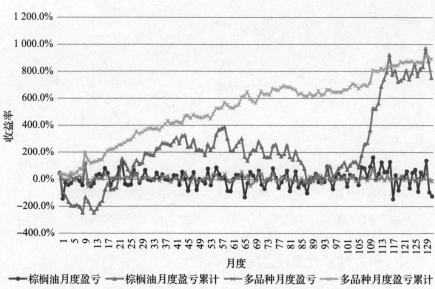

图 6-9　棕榈油与多品种月度收益、月度累计收益曲线对比图

图 6-10　铝与多品种月度收益、月度累计收益曲线对比图

图 6-11　单品种（沪深 300）、多品种年度盈亏和年度累计盈亏图

2. 相关性较大品种之间的对冲

相关性小的交易品种可以形成对冲，降低风险，增强盈利的

稳定性，那同类品种又如何呢？统计结果发现，相关性比较高的品种相互之间也能产生一定的对冲，也能提高盈利的稳定性。

焦炭、铁矿石、螺纹钢是相关性比较大的交易品种，焦炭和铁矿石是生产螺纹钢的原料，螺纹钢是最终产品，它们之间是否也能形成对冲？同时交易三个品种比交易单一品种是否能减少盈利的不确定性，以及平滑收益曲线？带着疑问，期货黄统计了这三个品种2014年1月至2021年12月8年间，按某一技术指标选择交易方向和出入市点的仿真交易结果，原本并不寄予太多希望的统计，却得到了意想不到的结果，仿佛无意间掉落在土中的种子带来意想不到的收获。表6-5为焦炭、铁矿石、螺纹钢按某一技术指标选择交易方向和出入市点，同类单一品种和多品种按月度交易结果对比。

从表6-5中可以看出，月度盈亏比由单一品种平均1.2提高到三品种的1.75，月度平均亏损幅度由单一品种平均的64.43%下降至三品种的37.80%，最大月度亏损幅度由单一品种的375.3%大幅下降至三品种的116.3%，年盈利情况由铁矿石的两年亏损，螺纹钢的一年亏损，变成三品种年年盈利。平均回撤由单品种平均的165.03%下降至82.60%，下降一半左右；最大回撤由单品种的826.10%大幅跌至266.80%。图6-12至图6-14分别为各单品种月度收益曲线与三品种同时交易月度收益曲线对比图，从图中明显看到三品种的收益曲线比单品种要平滑，从而证明即使相关性较大的品种之间也能对冲风险，把资金分散到具有相关性的品种上，也能提高盈利的稳定性。

表 6-5 按某一技术指标选择交易方向和出入市点,同类单一品种和多品种按月度交易结果对比(2014 年 1 月至 2021 年 12 月)

品种	交易月数	盈利月数	月胜率	月平均盈利幅度	月平均亏损幅度	月盈亏比	最大月盈利幅度	最大月亏损幅度	盈利年数占比	最大年盈利幅度	最大年亏损幅度	平均年理论回报率	平均回撤	最大回撤
焦炭	96	58	60.42%	81.20%	73.20%	1.11	249.40%	375.30%	8/8 =100%	505.20%	0.00%	240.70%	247.50%	826.10%
铁矿石	96	59	61.46%	87.00%	73.20%	1.19	290.00%	264.30%	6/8 =75%	766.10%	189.00%	303.10%	113.30%	418.60%
螺纹钢	96	51	53.13%	60.80%	46.90%	1.3	249.90%	171.00%	7/8 =88%	606.60%	159.60%	123.50%	134.30%	275.80%
三品种	96	52	54.17%	66.20%	37.80%	1.75	200.70%	116.30%	8/8 =100%	612.80%	0.00%	222.40%	82.60%	266.80%

注:统计结果扣除了滑点和手续费(交易成本)。

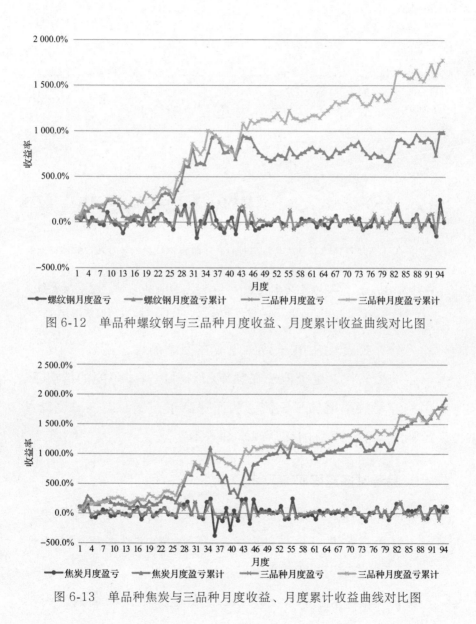

图 6-12　单品种螺纹钢与三品种月度收益、月度累计收益曲线对比图

图 6-13　单品种焦炭与三品种月度收益、月度累计收益曲线对比图

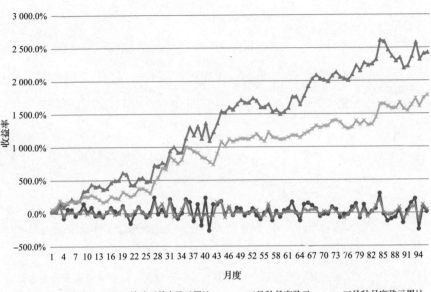

图 6-14　单品种铁矿石与三品种月度收益、月度累计收益曲线对比图

另外，把资金从单一品种分散在三个品种，虽然三个品种有一定的相关性，也类似于在胜率和盈亏比基本不变的情况下，变相将交易频率增加了三倍，从而提高了一定时期内总交易结果盈利的概率，而总的交易成本基本不变。

3. 品种越多越好吗

既然相关性大的品种之间也能形成对冲，使交易结果更加稳定，是否意味着交易品种越多，盈利的稳定性越好？不出所料，统计结果充分证明了这一点。

表 6-6 为 5 个品种（沪深 300、黄金、铝、螺纹钢、天然

橡胶）、10 个品种（沪深 300、黄金、铝、螺纹钢、天然橡胶、
PTA、豆粕、棉花、棕榈油、甲醇）、14 个品种（沪深 300、黄
金、铝、螺纹钢、天然橡胶、PTA、豆粕、棉花、棕榈油、甲
醇、焦炭、玻璃、铁矿石、10 年期国债）2015 年 5 月至 2021
年 12 月期间，按某一技术指标选择交易方向和出入市点的仿
真月度交易结果随品种数量变化统计。从表 6-6 统计结果中明
显看出：在月度胜率不变或提高，月度平均盈利幅度基本不变
的情况下，月度平均亏损幅度随着交易品种的增加而逐步降低，
使得月度盈亏比逐步提高，由 1.36 提高到 1.88，最大月度亏损
幅度总体也是下降的，由 83.80% 下降至 54.60%。盈利年数由
7 个年头 6 年盈利变成 7 个年头 7 年盈利，最大年度亏损幅度由
91.10% 下降至 3.50%，再到没有亏损全部盈利，甚至年度平均
理论回报率还有较大提高，由 64.40% 提高到 99.00%。每次收
益创新高前的平均回撤由 42.80% 大幅下降至 22.40%，下降一
半左右，所观察到的最大回撤也下降了一半多，由 133.60% 下
降至 62.20%。

　　图 6-15 为上述 5 个品种、10 个品种、14 个品种月度盈亏
和月度累计收益曲线对比图，随着交易品种的增加，收益曲线
变得越来越平滑。也就是说，随着交易品种的增加，盈利越来
越稳定，似乎有点韩信点兵，多多益善的感觉。

表 6-6 按某一技术指标选择交易方向和出入市点的仿真月度交易结果（月度）随品种数量变化统计（2015 年 5 月—2021 年 12 月，共 6 年 7 个月）

品种数	交易月数	盈利月数	月度胜率	月度平均盈利幅度	月度平均亏损幅度	月度盈亏比	最大月度盈利幅度	最大月度亏损幅度	盈利年数（共 7 个年头）	最大年度盈利幅度	最大年度亏损幅度	平均年度理论回报率	平均回撤	最大回撤
5 品种	80	44	55.00%	25.80%	19.00%	1.36	87.40%	83.80%	6	179.00%	91.10%	64.40%	−42.80%	−133.60%
10 品种	80	44	55.00%	21.70%	14.50%	1.50	101.50%	50.30%	6	133.40%	3.50%	61.40%	−27.50%	−79.60%
14 品种	80	46	57.50%	24.80%	13.20%	1.88	72.10%	54.60%	7	195.00%	0.00%	99.00%	−22.40%	−62.20%

注：统计结果扣除了滑点和手续费（交易成本）。

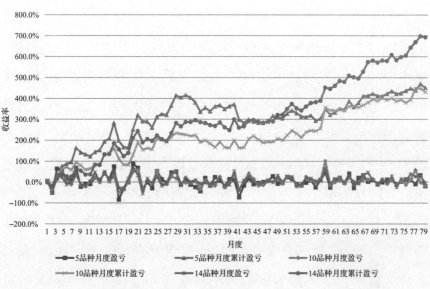

图 6-15　不同数量交易品种月度收益、月度累计收益曲线对比图

　　同样，把资金从 5 品种分散到在 10 或 14 个品种，也类似于在胜率和盈亏比基本不变的情况下，变相将交易频率增加了两三倍，从而提高了一定时期内总交易结果盈利的概率，而总的交易成本基本不变。

　　如何选择交易品种和分配资金？虽然理论上交易品种越多越好，但对于大部分投资者来说，资金量是相对有限的，只能选择少部分品种。即使是希望品种越多越好的大机构投资者，其使用的投资策略也并不一定适合所有的交易品种，所以有必要制定交易品种的选择和资金分配原则。

　　关于总资金的使用原则：要根据投资者想追求的回报和所能承受的最大风险以及所用交易策略观察到的最大回撤制定总

资金的使用量，既要控制总的交易风险，又要充分发挥资金的使用效率。在所能承受的最大风险范围内，即使出现最大回撤，也不影响资金在各品种之间的分配。比如投资者所能承受的最大风险为总资金的30%，长期观察到的最大回撤为80%，则总资金的使用建议不要超过50%。大家可能马上要问：为什么不是40%（80%×40%=32%）？这是因为考虑到一开始交易就出现最大回撤的概率非常小（出现最大回撤的概率本来就小，而一开始交易就赶上最大回撤的概率就更小），同时兼顾了资金的使用效率。而且，即使一开始交易就出现亏损，由于有50%左右的资金富余，也不影响各品种的资金使用量。这只是大概的总资金使用原则，具体情况要具体分析。

通过操作实践和研究总结，期货黄制定了如下交易品种选择和资金分配原则。

1. 策略适应性原则

期货黄通过统计和研究发现，给他带来较高稳定收益的策略，虽然适合绝大部分品种，但仍然在有些品种上的长期效果非常一般，甚至扣除交易成本之后还可能亏损，这可能与不同品种的影响因素和走势特点有关。即使适合其策略的品种，适合程度也不一样，所以他根据自己的长期统计结果，把所有交易品种分成不同的品种池。出于对木头的爱好，他根据品种对自己交易策略的适应程度由高到低将其分成海黄池、紫檀池、楠木池、香樟池、杉木池 5 个类型。

扣除交易成本，期货黄把年度平均理论回报率大于 100% 的品种归入海黄池，把年度平均理论回报率在 80% ～ 100% 的品种归入紫檀池，把年度平均理论回报率在 50% ～ 80% 的品种归入楠木池，把年度平均理论回报率在 20% ～ 50% 的品种归入香樟池，把年度平均理论回报率在 0% ～ 20% 的品种归入杉木池。如果资金量较少，首选海黄池，如果资金量比较大，尽可能选择所有品种池。同池交易品种投入的资金量应该基本相同，但不同池的交易品种每次交易时投入的资金量会不一样，从大到小依次为海黄池、紫檀池、楠木池、香樟池、杉木池。为了保证盈利的稳定性，原则上，各品种池单品种的资金使用量不能相差太多，单品种海黄池投入的资金量不超过杉木池的 2 倍。相对于将全部资金投入到海黄池的交易品种上，这样做有可能会降低总的盈利能力（收益率），但盈利应该更加稳定，且由于资金更分散，减少了滑点的影响，总的收益率未必会下降，甚至反而会有所增加，这完全取决于当时的市场实际情况，仅为理论推测，无法实际验证。

2. 基本面原则

通过基本面分析，期货黄认为有大的投资机会的交易品种，可以作为首选交易品种归入海黄池，或从较低的品种池调整到高一级的品种池。同样，同池交易品种投入的资金量应该基本相同，高一级品种池，单品种投入的资金应该比低一级的品种池多一些。这也是具体情况具体分析，无法进行验证，结果的好坏取决于对基本面分析的正确与否。投资者也可根据自己对各品种基本面的判断，把资金分散到不同的交易品种上，让不同的品种形成对冲。

3. 流动性原则

理论上，所有入选 5 个交易品种池的品种都必须具有较好的流动性，比如活跃合约月份沉淀资金不低于 20 亿元人民币，其主要目的是减少滑点对收益率造成的不利影响。理论上，流动性越好的品种，投入的资金量可以多些，同一品种池单品种投入的资金基本一致。

综合这三个原则，将对所应用的交易策略适应性强、基本面分析可能有大机会和流动性强（活跃合约月份沉淀资金大于 100 亿元人民币）的交易品种，归入海黄池作为首选交易品种。除了同一品种池单品种投入的资金基本一样外，其他情形投资者完全可以根据具体情况进行模糊选择，无所谓对错，因为这次对了，也许下次就是错的，理论上的不完美，可能现实中恰恰是完美的！

盈利之后如何增加头寸

投资之后，如果有盈利（包括浮动盈利），是否可以增加资金的使用量？如果可以，如何增加头寸？

当总的盈利（包括浮动盈利）达到一定的资金使用量时，可以在原交易品种上增加单量，各交易品种同比例增加，也可以增加一个新的交易品种。期货黄更趋向增加新品种。而不是在原来的交易品种上增加单量。因为他认为，在原来品种上增加单量，相当于同时放大风险和收益，而增加一个新的交易品种，则相当于增加了一定时期内的投资机会。理论上，这样做不仅提高了一定时期内的盈利能力，还使得盈利的稳定性进一步提高。

这就好比抽签，假如 10 个签中，2 个签是盈利 50 万元（盈利概率 20%），8 个签是亏损 10 万元（亏损概率 80%），一年抽 100 次，头年盈利 100%，第二年继续抽。在原来品种上增加单量（比如增加 1 倍），就好比将 10 个签中的 2 个签盈利 50 万元改成盈利 100 万元（盈利概率还是 20%），8 个签亏损 10 万元改成亏损 20 万元（亏损概率还是 80%），第二年继续抽 100 次，风险和收益同比例放大。而增加新的交易品种，则好比头年盈利后，10 个签中的 2 个签盈利 50 万元不变（盈利概率还是 20%），8 个签亏损 10 万元也不变（亏损概率还是 80%），只是抽签的次数，由头年的 100 次，变成了第二年的 200 次。理论上，在盈利能力都增加 1 倍的情况下，增加新品种比增加单量，盈利的稳定性要明显高得多。从概率统计学的角度，上述增加单量，总交易结果盈利的概率还是 80.8%，而增加新品种，总交易结果盈利的概率由 80.8% 提高至 87.6%，但二者的理论盈利能力一样。

庄子曰："朴素而天下莫能与之争美。"期货黄说："就像时下流行的简约建筑、装修风格和明式家具，最朴素最自然的东西往往经久不衰，好的期货投资策略亦如此。"

| 本章小结 |

1. 稳定盈利是大部分期货投资者追求的目标，也是实现长期超高收益的基础和前提。期货黄通过研究和总结认为：同品种多策略、高频和日内短线、套利交易并不是实现稳定盈利的好方法，而把鸡蛋装在不同的篮子里，即多品种同策略却是实现稳定盈利的有效途径，关键是该策略对单一品种长期来说必须是盈利的，具有很好的盈利能力，但可以不稳定，让许多不稳定的盈利组合在一起通过相互对冲变成稳定或基本稳定的盈利。

2. 期货黄经过统计和研究发现：不仅相关性较小的交易品种之间能形成对冲，相关性较大的品种之间也能形成对冲，品种越多对冲效果越好，盈利越稳定。

3. 选择交易品种和分配资金的原则：

①策略适应性原则：不同交易品种价格波动特性不同，同一策略对不同品种，交易结果往往会有差别，甚至差别可能非常大。

②基本面原则：有基本面信息优势的投资者，可以根据基本面分析，选择可能有较大投资机会的品种。

③流动性原则：尽量选择那些沉淀资金较大，交易活跃，流动性好，滑点影响小，交易成本低的品种。

根据上面的 3 个原则，把所有交易品种分成不同的品种池，并根据资金和交易情况，从品种池中选择最适合所用策略、可能有大机会、流动性好的交易品种。同池品种资金分配尽可能相同。如果资金量允许，尽可能选择更多的交易品种，即使不同品种池的品种，资金使用量也不能差别太大，原则上不超过 2 倍。

4. 当平仓盈利或浮动盈利达到一个品种的资金使用量时，可按品种池的顺序增加一个新的交易品种，而不是在原交易品种上增加头寸。在原交易品种上增加头寸，有可能提高收益能力，也可能带来较大的风险，不利于盈利的稳定性。而增加新品种不仅有可能提高收益，还能增强盈利的稳定性。

期货黄选择交易方向的技术指标是一种连续指标，当技术指标显示行情看涨时，则平空仓（如果有的话）同时反向做多，并一直持有到技术指标显示行情看跌时，平多仓同时反向做空，如此循环往复，中间若需要换合约月份，则按技术指标显示的交易方向，平仓的同时，在另一个合约月份接着开新仓。此策略非常简单易行，且便于程序化操作，问题是从涨势到跌势或从跌势到涨势，中间的幅度可能会非常大，由于没有设置一定的止损幅度，每次交易风险处于相对不可控状态。虽然通过同时交易多个品种相互对冲，能大幅度降低每次交易的风险，明显平滑收益曲线，但每次交易风险仍然偏大，且由于资金不是做多就是做空，资金一直被占用，资金的使用效率也相对较低。

那么，如何严格控制每次交易的风险，进一步提高盈利的稳定性和资金的使用效率？请看第七章：期货投资之亏损拆分。

千淘万漉虽辛苦，
吹尽狂沙始到金

期货投资之亏损拆分

"宜将剩勇追穷寇，不可沽名学霸王。"虽然把资金分散到多个品种上，比将资金全部押在一个品种上，投资风险大幅度降低，盈利的稳定性也有明显提高，但由于没有设置一定幅度的止损，单次交易的最大亏损仍然较大，对于许多投资者，尤其是基金这样的机构投资者来说是无法容忍的。如何在不影响收益率的情况下，进一步降低单次交易的风险，进一步提高盈利的稳定性？期货黄通过研究和总结发现，在交易方向不变时，设置一定的止损幅度和回补策略，把一次大的亏损，拆分成几次小的亏损，既控制了每次交易的风险，又不至于错过大的趋势行情，既进一步控制了风险，又进一步提高了盈利的稳定性，同时还提高了资金的使用效率。这样做虽然会导致胜率大幅度下降，同时也会增加滑点和手续费对交易结果的影响，但统计和研究结果表明，这不是无谓的牺牲，是非常值得和有意义的，就像沙里淘金，淘去大量的小亏损（沙子），换来最后的大收益（黄金）。

风险过滤器的作用

我们先来看一下统计数据，表7-1为将资金平均分散到9个主要交易品种上，2011—2021年11年间按某一技术指标做多或做空，每次仿真交易结果统计。

表 7-1　将资金平均分散到 9 个主要交易品种上，2011—2021 年 11 年间按某一技术指标做多或做空，每次仿真交易情况统计

年份	交易次数	胜率	平均盈利幅度	平均亏损幅度	盈亏比	最大单次盈利幅度	最大单次亏损幅度	年度理论回报率
2011	198	42.93%	4.88%	2.61%	1.87	34.01%	14.66%	119.16%
2012	186	49.46%	3.61%	1.91%	1.89	13.84%	7.36%	152.63%
2013	193	49.74%	2.96%	1.98%	1.49	19.68%	7.93%	91.88%
2014	192	46.88%	3.92%	2.32%	1.69	18.59%	8.71%	115.71%
2015	196	42.35%	4.38%	2.58%	1.70	12.87%	10.74%	72.84%
2016	198	41.92%	5.41%	3.04%	1.79	21.66%	10.64%	99.12%
2017	204	42.16%	3.73%	2.62%	1.42	25.79%	11.01%	11.36%
2018	213	38.50%	3.73%	2.34%	1.59	33.60%	9.48%	-0.67%
2019	205	41.95%	3.19%	1.99%	1.6	11.97%	5.91%	37.74%
2020	197	43.65%	4.99%	2.57%	1.94	27.70%	11.34%	144.01%
2021	206	45.15%	4.62%	3.38%	1.37	27.77%	15.31%	47.47%
合计: 2188		平均: 44.06%	平均: 4.13%	平均: 2.50%	平均: 1.67	最大: 34.01%	最大: 15.31%	平均: 81.02%

注：统计结果扣除了滑点和手续费（交易成本）。

从表 7-1 统计结果中可以看到，相对于所有总保证金虽然单次交易的平均亏损幅度只有 2.5%，但单次交易的风险处于相对不可控状态，大部分年份单次交易的最大亏损幅度都接近或大于 10%，甚至高达 15%，这对于大部分投资者，尤其是机构投资者来说都不是好的选择，比如基金，遇到连续多次亏损就很有可能触发基金的停损，而且资金不是做多就是做空，保证金一直被占用，资金的使用效率也会相对低。

于是就有必要设置一定的止损幅度，将一次较大的亏损拆分成几次较小的亏损，同时制定相应的头寸回补策略，在交易方向不变的情况下，将止损的头寸及时补回来，达到进一步拆分亏损幅度，保持盈利幅度的目的。这就好像给盈亏设置了一个过滤器，让较大盈利通过，将较大亏损通过设置一定幅度的止损和回补，过滤（拆分）成较小的亏损，这样做既控制了单次交易的风险，还有可能增加盈利，同时提高资金的使用效率和盈利的稳定性。所带来的缺点是，交易频率的增加会产生滑点和手续费的影响，所以需要制定适合的止损和回补策略。后面我们再讨论如何选择风险过滤器。

表 7-2 为不考虑滑点和手续费的影响，将资金平均分散到 9 个主要交易品种上，按某一技术指标做多或做空，设置一定止损幅度和回补策略时（有过滤器）与不设置一定止损幅度（无过滤器）的交易结果对比。从表 7-2 中，我们可以发现，有过滤器时虽然盈利次数所占比例即胜率会大幅度下降，由 45.57% 降至 24.01%，但

由于交易次数（交易频率）的明显增加，是无过滤器的 2.28 倍，这样的不利影响被交易频率的大幅增加和盈亏比的大幅提高抵消，是完全可以忽略的。年交易结果是盈利的概率还略有提高，由 98.93% 升至 99.9%（见表 7-4），重要的是，有过滤器时，不仅控制每次交易的风险在一个相对较小的范围内，而且盈亏比会大幅度上升，由 1.74 大幅度上升至 4.86，同时换来了每次交易平均亏损幅度的大幅下降，由平均亏损 2.4% 大幅下降至 0.87%，但每次交易平均盈利幅度并没有因此而下降，甚至还略有上升，由每次交易平均盈利 4.15% 上升至 4.22%，11 年间在最大单次交易盈利 34.11% 不变时，最大单次交易亏损幅度由 15.16% 下降至 6.27%，年度理论回报率也由 111.66% 上升至 143.03%。也就是说在交易方向不变时，止损之后再回补的价位比一直持有的价位要好。另外，在止损和回补之间，会有时间差，单一品种虽然很短，但品种比较多时，会长期沉淀出一部分资金，使总的保证金占用减少，可用保证金增加，从而提高总资金使用效率。其原理就好比原来房间里一直坐着 10 个人，现在变成 10 个人进进出出，显然，有人进进出出比 10 个人一直待在房间里，房间更宽敞，更不拥挤。

　　上面是不考虑滑点和手续费影响的结果，实际交易过程中，滑点和手续费是不可避免的，只是多少不同而已。表 7-3 为每次交易设置约 1.5% 的滑点和手续费影响的交易结果对比，也就是说，相对于及时成交和无手续费，每次交易同价位开仓和同价位平仓，理论上是无盈亏，而实际交易时可能已经亏损了所用保证金的 1.5%。

表 7-2 将资金平均分散到 9 个主要交易品种上，按某一技术指标做多或做空，不设止损和设止损两种策略交易结果对比（不考虑滑点和手续费）

策略	年份	交易次数	胜率	平均盈利幅度	平均亏损幅度	盈亏比	最大单次盈利幅度	最大单次亏损幅度	年度理论回报率
无过滤器	2011	198	44.44%	4.82%	2.57%	1.88	34.11%	14.51%	142.70%
有过滤器	2011	466	22.75%	4.86%	0.86%	5.65	34.11%	4.96%	206.08%
无过滤器	2012	186	51.08%	3.62%	1.84%	1.97	14.01%	7.22%	176.76%
有过滤器	2012	331	33.23%	3.60%	0.92%	3.91	14.46%	4.31%	191.31%
无过滤器	2013	193	50.78%	3.03%	1.88%	1.61	19.82%	7.79%	118.97%
有过滤器	2013	388	29.12%	3.10%	0.83%	3.73	19.82%	2.59%	122.42%
无过滤器	2014	192	50.00%	3.82%	2.31%	1.65	18.53%	8.52%	145.90%
有过滤器	2014	375	27.73%	4.02%	0.88%	4.57	19.01%	3.54%	180.46%
无过滤器	2015	196	42.86%	4.51%	2.41%	1.87	13.07%	10.56%	108.61%
有过滤器	2015	422	23.70%	4.50%	0.96%	4.69	14.11%	3.03%	141.69%
无过滤器	2016	198	43.43%	5.40%	2.94%	1.84	21.88%	10.47%	134.91%
有过滤器	2016	508	20.87%	5.27%	0.97%	5.43	21.88%	2.20%	168.49%
无过滤器	2017	204	43.63%	3.76%	2.53%	1.49	25.96%	10.86%	43.32%
有过滤器	2017	511	19.77%	4.11%	0.82%	5.01	26.01%	2.06%	79.17%
无过滤器	2018	213	40.85%	3.67%	2.27%	1.62	33.77%	9.27%	32.64%
有过滤器	2018	466	21.46%	3.74%	0.83%	4.51	33.77%	5.90%	68.59%
无过滤器	2019	205	43.41%	3.24%	1.88%	1.72	12.16%	5.74%	71.32%
有过滤器	2019	390	26.41%	3.20%	0.87%	3.68	13.58%	2.18%	80.07%
无过滤器	2020	197	43.65%	5.16%	2.40%	2.15	27.94%	11.24%	177.09%
有过滤器	2020	447	22.60%	5.14%	0.94%	5.47	27.94%	6.27%	192.57%
无过滤器	2021	206	47.09%	4.57%	3.37%	1.36	27.89%	15.16%	76.01%
有过滤器	2021	691	16.50%	4.89%	0.72%	6.79	28.39%	2.20%	142.53%
无过滤器	合计：2188		平均：45.57%	平均：4.15%	平均：2.40%	平均：1.74	最大：34.11%	最大：15.16%	平均：111.66%
有过滤器	合计：4995		平均：24.01%	平均：4.22%	平均：0.87%	平均：4.86	最大：34.11%	最大：6.27%	平均：143.03%

注：统计结果没有扣除滑点和手续费（交易成本），过滤器策略为较小幅度止损和较小幅度回补。（手续费）

表 7-3　将资金平均分散到 9 个主要交易品种上，按某一技术指标做多做空，不设止损和设止损两种策略交易结果对比（考虑滑点和手续费）

策略	年份	交易次数	胜率	平均盈利幅度	平均亏损幅度	盈亏比	最大单次盈利幅度	最大单次亏损幅度	年度理论回报率
无过滤器	2011	198	42.93%	4.88%	2.61%	1.87	34.01%	14.66%	119.16%
有过滤器	2011	466	21.90%	4.92%	0.97%	5.07	34.01%	5.08%	150.37%
无过滤器	2012	186	49.46%	3.61%	1.91%	1.89	13.84%	7.36%	152.63%
有过滤器	2012	331	32.93%	3.50%	1.06%	3.3	14.29%	4.44%	148.31%
无过滤器	2013	193	49.74%	2.96%	1.98%	1.49	19.68%	7.93%	91.88%
有过滤器	2013	388	27.58%	3.13%	0.96%	3.26	19.68%	2.70%	67.58%
无过滤器	2014	192	46.88%	3.92%	2.32%	1.69	18.59%	8.71%	115.71%
有过滤器	2014	375	26.67%	4.02%	1.03%	3.9	18.81%	3.73%	118.67%
无过滤器	2015	196	42.35%	4.38%	2.58%	1.70	12.87%	10.74%	72.84%
有过滤器	2015	422	22.99%	4.46%	1.12%	3.98	13.91%	3.09%	68.01%
无过滤器	2016	198	41.92%	5.41%	3.04%	1.79	21.66%	10.64%	99.12%
有过滤器	2016	508	20.28%	5.23%	1.14%	4.59	21.66%	2.36%	76.34%
无过滤器	2017	204	42.16%	3.73%	2.62%	1.42	25.79%	11.01%	11.36%
有过滤器	2017	511	18.98%	4.12%	0.98%	4.2	25.84%	2.23%	5.24%
无过滤器	2018	213	38.50%	3.73%	2.34%	1.59	33.60%	9.48%	0.67%
有过滤器	2018	466	20.17%	3.82%	0.97%	3.94	33.60%	6.04%	2.39%
无过滤器	2019	205	41.95%	3.19%	1.99%	1.6	11.97%	5.91%	37.74%
有过滤器	2019	390	25.38%	3.16%	1.02%	3.1	13.39%	2.33%	15.09%
无过滤器	2020	197	43.65%	4.99%	2.57%	1.94	27.70%	11.34%	144.01%
有过滤器	2020	447	22.37%	5.03%	1.11%	4.53	27.70%	6.37%	117.97%
无过滤器	2021	206	45.15%	4.62%	3.38%	1.37	27.77%	15.31%	47.47%
有过滤器	2021	691	16.21%	4.83%	0.86%	5.62	28.27%	2.38%	46.19%
无过滤器	合计:2188	平均:44.06%	平均:4.13%	平均:2.49%	平均:1.67	最大:34.01%	最大:15.31%	平均:81.02%
有过滤器	合计:4995	平均:22.22%	平均:4.20%	平均:1.02%	平均:4.14	最大:34.01%	最大:6.37%	平均:72.81%

注：统计结果没有扣除滑点和手续费（交易成本），过滤器策略为较小幅度止损和较小幅度回补。

　　设置一定幅度的止损后，交易次数（频率）比不设止损时会有明显的增加，同时滑点和手续费的影响也会增大。表 7-3 中的交易结果显示，在考虑滑点和手续费的影响时，有过滤器和没有过滤器相比，两者之间的盈利能力差不太多，但有过滤器时，每次交易的风险可控且资金效率会有所提高。而不考虑滑点和手续费影响时，有过滤器比没有过滤器，不仅每次交易的风险可控，资金效率会有所提高，而且各项指标都要明显好于没有过滤器（见表 7-2）。所以，滑点和手续费，也是影响最终交易结果的重要因素之一，尤其是滑点的影响，手续费的影响由于期货公司之间的恶性竞争，已经比较低，影响相对也较小。

　　滑点和手续费的影响我们可以引入"交易成本"这个概念，交易成本越大对最终交易结果的影响越大，交易成本的大小又受如下几个因素的影响。①期货市场的整体交易规模，规模越大，可以拆分的交易品种越多，交易成本的影响越小。②所交易品种本身的流动性，这可以通过该品种每天的交易量和持仓量或主力合约的沉淀资金来衡量。流动性越好的交易品种，交易成本越低。③一次性下单的数量，投资者在某一品种和某一合约上一次性交易的单量越大，交易成本越高。④交易频率，一定时期内，交易次数越多，所累计的交易成本就越高。⑤下单速度（取决于交易的软硬件，比如网速等），下单速度越快，滑点就越小，交易成本的影响越小。⑥手续费（交易佣金）标准，不同的投资者，从经纪商那里争取到的佣金标准是不同的，佣金越高，交易成本越大。要想减少交易成本的影响，需要从以上几个方面想办法。比如在不影响盈利能力和盈利稳定性的情况下，选择尽可能多且流动性好的交易品种、选择主力合约和次主力合约、降低交易频率、提高下单速度和降低手续费标准等。表7-3只是根据以往交易和研究方便而粗略设定的交易成本，实际如何减少交易成本要具体情况具体分析，如果实际交易成本比这小，则该策略的效果会更好，反之则效果变差。

据统计，在不考虑交易成本（滑点和手续费）时，所统计的9个品种中，8个品种有过滤器（设置一定幅度止损和回补策略）比无过滤器（不设一定幅度止损和回补策略），交易结果明显要好，只有黄金两种情况结果差不多。图7-1、图7-2和图7-3分别为棉花、天然橡胶、多品种有过滤器和没有过滤器月度累计盈亏曲线对比图，从盈亏曲线对比图中明显看出，在不考虑交易成本（滑点和手续费）时，盈利能力有明显提高，但盈利的稳定性虽然也有所提高，收益曲线更平滑，但不是十分显著。

另据统计，在考虑交易成本（滑点和手续费）时，所统计的9个品种有过滤器（设置一定幅度止损和回补策略）和无过滤器（不设一定幅度止损和回补策略）相比，有过滤器时，有的品种交易结果要更好，比如沪深300、螺纹钢、天然橡胶，有的品种盈利能力则会有所下降，比如棉花、PTA等，而所统计的9个品种总的来说差不太多，这与所设定的交易成本大小也有关。图7-4、图7-5和图7-6分别为棉花、天然橡胶、多品种有过滤器和没有过滤器月度累计盈亏曲线对比图，从盈亏曲线对比图中能看出，有的品种好些，比如天然橡胶，有的品种差些，比如棉花，而9个品种合计差不太多。

图 7-1　不考虑交易成本，棉花有过滤器和无过滤器月度累计盈亏（收益曲线）对比图

图 7-2　不考虑交易成本，天然橡胶有过滤器和无过滤器月度累计盈亏（收益曲线）对比图

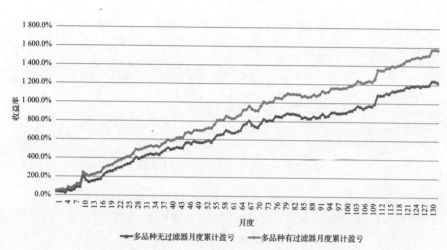

图 7-3　不考虑交易成本，多品种有过滤器和无过滤器月度累计盈
　　　　亏（收益曲线）对比图

图 7-4　考虑交易成本，棉花有过滤器和无过滤器月度累计盈亏
　　　　（收益曲线）对比图

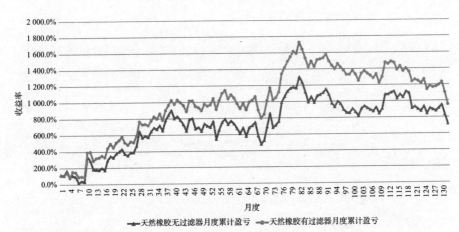

图 7-5　考虑交易成本，天然橡胶有过滤器和无过滤器月度累计盈
　　　　亏（收益曲线）对比图

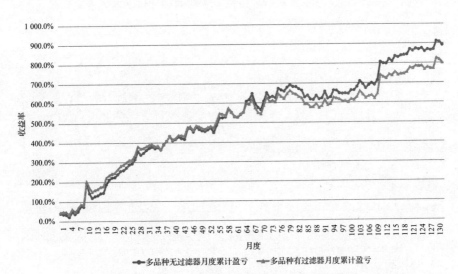

图 7-6　考虑交易成本，多品种有过滤器和无过滤器月度累计盈亏
　　　　（收益曲线）对比图

从表 7-2 和图 7-1 至图 7-3 中可以看出，在不考虑交易成

本时，设置一定幅度的止损和回补策略（有过滤器）与不设置一定幅度的止损和回补策略（无过滤器）相比，在设置一定幅度的止损和回补策略（有过滤器）时，盈利的稳定性和盈利能力都有所提高，尤其是盈利能力有大幅度提高。从表7-3和图7-4至图7-6可以看出，在考虑交易成本时，二者盈利的稳定性和盈利能力表面上看起来都没有明显提高，甚至有过滤器时盈利能力还略有下降，年总的交易结果是盈利的概率也略有下降，如表7-4所示，这是因为每次交易都扣除了1.5%左右的交易成本，实际交易不一定有这么大，但由于设置了一定幅度的止损和回补策略，控制了每次交易的风险，比无过滤器时更能真实反映和控制交易过程中所遇到的最大风险，实际上提高了盈利的稳定性，因为无过滤器时，盈利或亏损小的头寸有可能是曾经过大幅度亏损后转变而来的。而且，有过滤器后，资金使用效率也会有所提高，从而提高总资金的盈利能力，而这一点却没有反映在统计数据和收益曲线上。考虑滑点和手续费的影响时，虽然表面上看起来，设置一定幅度的止损和回补策略与不设置止损的盈利能力差不多，甚至还略有下降，但如果交易成本有所降低，有过滤器的盈利能力就会明显提高。正因为如此，期货黄还是毅然决然地选择有过滤器的交易策略。

需要特别强调的是，交易结果与过滤器本身，即所采用的止损和回补策略有密切的关系，上述统计结果是设置较小的止损幅度和较小的跟踪回补策略所得到的交易结果，理论上，风险过滤器可以有无数种，而且不同的过滤器对不同行情会有不同的效果，只要对交易结果有积极作用就行。

总之，期货黄坚决地认为，在交易方向不变的情况下，设置一定幅度的止损和回补策略（有风险过滤器）比不设置一定幅度的止损和回补策略要好，至少带来以下几个方面的好处。

1. 控制每次交易的风险

没有风险过滤器时，每次交易风险处于相对不可控的状态，风险可大可小，而有风险过滤器时，每次交易风险基本上处于可控状态。（极少数特殊情况下也可能无法控制，比如因开盘就涨跌停板且无法成交止损时，无风险过滤器时更是如此。）

2. 提高资金的使用效率

在止损和回补之间会有时间差，单一品种虽然很短，但交易品种比较多时，会长期沉淀出一部分资金，使总的保证金占用减少，可用保证金增加，从而提高总资金使用效率，间接提高总资金的盈利能力。

3. 提高交易的稳定性，即盈利的可确定性

虽然增加风险过滤器，表面上看胜率会因此大幅度降低，但交易频率和盈亏比的大幅度提高所产生的综合效应，对提高交易的稳定性和盈利的可确定性有更加积极的影响，这主要表现在平均回撤和最大回撤的降低和一定时期内总交易结果是盈

利的概率提高等指标上，当然，这要取决于所采用的过滤器本
身和交易成本的大小。见表 7-4 相关统计数据。

4.有可能直接提高盈利能力，即一定时期内的收益率

虽然增设风险过滤器，会带来更多的收益，但同时也会使交
易频率明显提高，交易成本（滑点和手续费影响）也相应增加，
增设风险过滤器，最终能否增加一定期限内总的收益率，既取决
于所增加的收益能否盖过交易成本的增加，也取决于所采用过滤
器本身。关于这一点，我们下面将做进一步研究和探讨。

如何选择风险过滤器

既然风险过滤器有如此重要的作用，那么如何制定止损和
回补策略，选择合适的风险过滤器呢？期货黄对如下几种风险
过滤器进行了研究和探索。

（1）小幅度的固定止损和小幅度的跟踪回补。

（2）大点幅度的固定止损和大点幅度的跟踪回补。

（3）小幅度的固定止损和附带条件的小幅度的跟踪回补。
附带条件：比如一定幅度跟踪且价格大于前几个交易日的最高
点回补继续做多或小于前几日的最低点回补继续做空。

（4）大点幅度的跟踪止损和大点幅度的跟踪回补。

止损方式（比如固定止损和跟踪止损）、回补方式和止损幅
度、回补幅度可以有无数种可能性。理论上，风险过滤器也可

以有无数种，期货黄只探索了其中的几种，见表7-5和表7-6。从表7-5和表7-6中可以看出，四种风险过滤器各有优缺点。

风险过滤器1（小幅度的固定止损和小幅度的跟踪回补），能及时止损和及时回补，具有最强的盈利能力，资金使用效率较高，但胜率较低且交易频率高，容易受交易成本的影响。交易成本较低时选择此风险过滤器。

风险过滤器2（大点幅度的固定止损和大点幅度的跟踪回补），胜率较高，交易频率较低，交易成本的影响较小。止损和回补幅度较大，盈利能力略低于风险过滤器1，资金使用效率较低。交易成本较高时选择此风险过滤器。

风险过滤器3（小幅度的固定止损和附带条件的小幅度的跟踪回补），能及时止损和及时回补，除了一定的跟踪幅度，回补需要一定的外加条件，而回补入市则要求更多，减少了持仓时间，资金使用效率最高，交易频率中等，受交易成本的影响也中等，但胜率较低，与风险过滤器1差不多。统计发现，此风险过滤器在许多时候能大幅度降低大幅亏损的发生。交易成本适中时选择此过滤器。

几次简单的统计，期货黄就决定放弃第4种方式的风险过滤器，即大点幅度的跟踪止损和大点幅度的跟踪回补。虽然此方式能够及时止损和及时锁定收益，但也容易错过震荡上涨或震荡下跌的趋势行情，且进出市太频繁，会大幅度增加交易频率，使得总的交易成本大幅度增加。

表 7-4　2011—2021 年资金平均分散到 9 个主要交易品种，按某一技术指标做多或做空，有无过滤器交易结果对比

策略情形	每年总的交易结果是盈利的概率	交易次数	胜率	平均盈利幅度	平均亏损幅度	盈亏比	最大单次盈利幅度	最大单次亏损幅度	权益创新高前的平均回撤	权益创新高前的最大回撤	平均年理论回报率
不考虑交易成本且无过滤器	98.93%	2188	45.48%	4.12%	2.41%	1.71	34.11%	15.16%	18.00%	73.30%	111.66%
不考虑交易成本且有过滤器	99.90%	4995	23.18%	4.22%	0.87%	4.85	34.11%	6.27%	13.80%	48.30%	143.03%
考虑交易成本且无过滤器	95.81%	2188	43.97%	4.11%	2.50%	1.64	34.01%	15.31%	25.50%	82.20%	81.02%
考虑交易成本且有过滤器	92.13%	4995	22.42%	4.20%	1.01%	4.16	34.01%	6.37%	23.10%	87.00%	72.81%

注：过滤器策略为核小幅度止损和较小幅度跟踪回补。

表 7-5　2011—2021 年按某一技术指标做多或做空，几种风险过滤器的交易结果对比

品种	风险过滤器方式	交易次数	盈利次数	胜率	平均盈利幅度	盈亏比	平均亏损幅度	最大单次盈利幅度	最大单次亏损幅度	平均年度理论回报率
棉花	固定止损和跟踪回补（幅度小）	532	119	22.37%	35.30%	4.20	8.40%	226.00%	19.10%	67.45%
棉花	固定止损和跟踪回补（幅度大）	339	104	30.68%	36.70%	2.76	13.30%	226.00%	26.10%	63.36%
棕榈油	固定止损和跟踪回补（幅度小）	591	116	19.63%	44.40%	4.53	9.80%	162.10%	36.10%	45.65%
棕榈油	固定止损和跟踪回补（幅度大）	371	105	28.30%	45.20%	2.81	16.10%	162.10%	39.70%	43.54%
铝	固定止损和跟踪回补（幅度小）	434	118	27.19%	30.70%	3.57	8.60%	152.50%	32.00%	81.98%
铝	固定止损和跟踪回补（幅度大）	281	113	40.21%	29.80%	2.14	13.90%	152.50%	34.70%	93.75%

注：
1. 假设交易的总保证金是基本相同的。
2. 盈亏比按保证金比例折合成回报率。股指保证金比例 15%，国债 2%，其他品种 10%。
3. 交易结果考虑点差和手续费的影响，每次交易股滑点为 1.6 点，其他品种一般为 4 个最小波动价位，手续费为 1.5‰，交易成本合计一般为交易保证金的 1% ~ 2%。

表7-6 2011—2021年按某一技术指标做多或做空，几种风险过滤器的交易结果对比

品种	风险过滤器方式	交易次数	盈利次数	胜率	平均盈利幅度	平均亏损幅度	盈亏比	最大单次盈利幅度	最大单次亏损幅度	平均年度理论回报率
豆粕	固定止损和跟踪回补（幅度小）	613	142	23.16%	29.70%	8.30%	3.58	169.80%	54.40%	27.09%
	固定止损和跟踪回补（幅度小＋条件）	539	123	22.82%	29.10%	8.30%	3.51	142.80%	54.40%	12.77%
棕榈油	固定止损和跟踪回补（幅度小）	591	116	19.63%	44.40%	9.80%	4.53	162.10%	36.10%	45.65%
	固定止损和跟踪回补（幅度小＋条件）	511	103	20.16%	43.20%	10.00%	4.32	162.10%	41.60%	34.70%
铝	固定止损和跟踪回补（幅度小）	434	118	27.19%	30.70%	8.60%	3.57	152.50%	32.00%	81.98%
	固定止损和跟踪回补（幅度小＋条件）	400	111	27.75%	28.90%	8.60%	3.36	152.50%	32.00%	65.06%

注：1. 假设交易的总保证金是基本相同的。

2. 盈亏按保证金比例折合成回报率。股指保证金比例15%，国债2%，其他品种10%。

3. 交易结果考虑滑点和手续费的影响，每次交易股指滑点为1.6点，其他品种一般为4个最小波动价位，手续费为1.5‰。

交易成本合计一般为交易保证金的1%～2%。

当然，大家也可探讨较大幅度止损和较大幅度跟踪外加条件回补等风险过滤策略，并根据统计和总结，不断优化自己所采用的风险过滤器，这里就不一一赘述。

通过把资金分散到不同的交易品种上，将大盈大亏变成了中盈中亏，并大幅度提高了交易的稳定性和盈利的可确定性，收益曲线明显平滑。通过设置止损和回补策略，让中盈中亏进一步变成中盈小亏，控制了每次交易的风险，提高了资金的使用效率，使交易更加稳定、盈利更加确定，收益曲线更加平滑，甚至还能提高盈利能力。

诗人云："前世的五百次回眸，才换来今生的擦肩而过。"期货黄说，用不到 4 次小的亏损就能换来 1 次 5 倍左右的大盈利，值了！这样的策略，虽然交易频率较高，胜率较低，但只要坚持，不仅能够让盈利由短期的偶然和不确定性走向长期的必然和确定性，而且能让盈利更加稳定，收益曲线更加平滑。但对交易速度有较高的要求，而这恰恰是计算机纯量化交易的优势。

| 本章小结 |

1. 虽然把资金分散到不同品种上，能够大幅度提高盈利的稳定性，但每次交易的风险仍然处于相对不可控状态，为了进一步提高盈利的稳定性，控制每次交易的风险，有必要对每一次交易设置一定的止损幅度，而不是等趋势发生变化时才平仓，同时为防止止损之后没有及时回补，错过大的趋势行情，还需要制定适合的回补策略。

2. 对于每一次交易，设置一定幅度的止损和回补策略，至少能带来如下几方面的好处：

①控制每次交易的风险。没有风险过滤器时，每次交易风险处于相对不可控的状态，可大可小，而有风险过滤器时，每次交易风险几乎都处于可控状态。

②提高资金的使用效率。在止损和回补之间，会有时间差，单一品种虽然很短，但交易品种比较多时，会长期沉淀出一部分资金，使总的保证金占用减少，可用保证金增加，从而提高总资金使用效率，并提高总资金的盈利能力。

③提高交易的稳定性，即盈利的可确定性。虽然增加风险过滤器，表面上看胜率会因此大幅度降低，但交易频率和盈亏比的大幅度提高所产生的综合效应，对提高交易的稳定性和盈利的可确定性有更加积极的影响。当然这要取决于交易成本的大小。

④有可能提高盈利能力，即一定时期内的收益率。虽然增设风险过滤器，会带来更多的收益，但同时也会使交易频率明显提高，交易成本（滑点和手续费影响）也相应增加，增设风险过滤器，最终能否增加一定期限内总的收益率，取决于所增加的收益能否盖过交易成本的增加。而实际交易成本

要根据具体情况而定，交易成本减小，盈利能力提高，交易成本增加，盈利能力降低，所以，如何降低交易成本也是交易策略的重要内容之一。

3. 在不影响盈利能力和盈利稳定性的情况下，通过选择尽可能多且流动性好的交易品种、选择主力合约和次主力合约、降低交易频率、提高下单速度和降低手续费标准等措施降低交易成本。

4. 期货黄通过统计总结认为，设置一定幅度的止损和跟踪回补策略（包括附带一定条件的跟踪回补），既能控制每次交易的风险，又不至于因为止损而错过大的趋势交易机会，还能防止震荡上涨或震荡下跌所带来的频繁止损。止损幅度的大小取决于交易成本的大小，交易成本大时，止损幅度和跟踪回补幅度也应该大些，通过降低交易频率减少交易成本对总交易结果的影响，交易成本小时，止损幅度和跟踪回补幅度也应该小些，以便及时抓住更多的投资机会，同时通过增加交易频率提高盈利的稳定性和资金的使用效率。

选择好交易方向（包括出入市点）、分散交易品种和增设风险过滤器，三者合力使得一定时期内期货投资不仅是盈利的，而且盈利还非常稳定，这为实现长期的超高收益打下了坚实的基础。期货投资盈利由偶然到必然，再到稳定。虽然好的投资策略是前提和基础，但好的投资心态也是稳定盈利的必要保障，请看第八章：期货投资之心态。

天生我材必有用，
千金散尽还复来？

期货投资之心态

　　"采菊东篱下，悠然见南山。"期货投资是一种在高风险和高收益之间不断选择的投资方式。期货投资要想获得稳定的收益，既要有好的投资策略，还需要有稳定的心态。好策略是好心态的前提，但有好策略不一定就有好心态，好策略是好心态的必要条件而非充分条件。做任何事情都需要有好的心态，好心态能让你的实际能力得到充分发挥，身心合一。不好的心态，让你左右为难，患得患失，发挥不出正常水平，甚至可能带来巨大损失。人人都是天生的期货投资高手，是我们不稳定的心态，让绝大部分投资高手变成了投资失败者，直到千金散尽，还在抱怨自己不够努力，没找到好的投资方法，勤奋的你其实比窦娥还冤。这不是吹牛，也非语不惊人死不休的哗众取宠。

人人都是天生的期货高手

　　就像大部分人不相信人天生就会游泳一样，如果我说你天生就懂得如何投资期货，是个高手，你很可能不会相信。别忙着否定，先来回答下面几个问题，看看自己是否适合进行期货投资，是不是天生的期货高手。

　　（1）如果某一行情做多盈利 1 万元的概率大于 50%，即做多亏损 1 万元的概率小于 50%，而做空亏损 1 万元的概率大于

50%，盈利 1 万元的概率小于 50%。请问你会选择做多还是做空？——你自然会选择做多。

（2）你只有 100 万元，有这么一项投资，盈利的概率只有 20%，亏损的概率是 80%，盈亏比是 5∶1，要想获得稳定收益，风险尽可能小，以下 3 种投资方式，你会选择哪种？ A.盈利 500 万元的概率 20%，亏损 100 万元的概率 80%，1 次投资机会；B.盈利 50 万元的概率 20%，亏损 10 万元的概率 80%，10 次投资机会；C.盈利 5 万元的概率 20%，亏损 1 万元的概率 80%，100 次投资机会。——很明显，你自然会选择投资方式 C。请注意目标是收益稳定，风险尽可能小。

（3）继续有这么一项投资，盈利的概率还是只有 20%，亏损的概率是 80%，盈亏比是 5∶1，要想获得更高更稳定的收益，且风险尽可能小，以下 2 种投资方式，你会选择哪种？A.盈利 5 万元的概率 20%，亏损 1 万元的概率 80%，100 次投资机会；B.盈利 5 万元的概率 20%，亏损 1 万元的概率 80%，1000 次投资机会。——很明显，你一定会选择投资方式 B。因为投资方式 A 总交易结果盈利的概率是 80.77%，理论盈利额是 20 万元，而投资方式 B 总交易结果盈利的概率高达 99.65%，理论盈利额是 200 万元。请注意目标是更高更稳定的收益，且风险尽可能小。

恭喜你，都答对了，你是天生的期货投资高手，投资收益尽可能高，且又稳定的期货投资策略就是这样的。但也别忙着高

兴，因为你的实际交易行为常常与它们背道而驰。是什么让天生
的期货高手变成标准的投资失败者？是期货投资时的心态！

对第一个问题的正确选择，说明投资者都懂得期货投资让
盈利奔跑，及时拦截亏损的策略和道理，盈利尽可能持有，亏
损及时止损，就是期货投资必然的正确选择。期货价格变化惯
性告诉我们，盈利时继续盈利的概率大于50%，亏损时继续亏
损的概率也大于50%，参见第一章相关内容。非常遗憾的是，
在实际交易中，绝大部分期货投资者往往是盈利时拿不住头寸，
生怕到嘴的鸭子飞了（到嘴的期货盈利确实是有可能飞走的），
而亏损时的头寸总是握得死死的，经常用盼望中的解套来安慰
自己。每当期货黄问身边没有及时止损的投资者朋友，为什么
不砍仓，要忍受亏损不断扩大带来的煎熬和痛苦时，得到的回
答出奇一致："万一行情反转呢？万一我砍仓后又回来变成不亏
呢？"是的，这都有可能，但这样的操作，是否在选择低概率
（万一），而不是高概率（一万）？是什么让投资者做出这样不明
智的选择呢？是心态！

对第二个问题的正确选择，大家从胜率和盈亏比的数值是
否觉得似曾相识？如果大家还记得第六章和第七章的相关统计
数据就会更加明白你们的选择是多么英明。要想获得稳定的回
报，就应该降低风险和减少盈利的不确定性，需要把较少次数
的大盈大亏，拆分成较多次数的小盈小亏，从而实现稳定盈利。
正确的选择说明大家懂得实现稳定盈利努力的方向和技巧。而

实际交易过程中，我们往往会去追求非常不确定的超高回报，对较低的稳定收益并不感兴趣，而对大额亏损又没有做好足够的心理准备。

要想获得更高的收益、更小的风险，就需要对第三个问题做出正确的选择，那就是在一定时期内资金的使用效率问题。资金管理的目的不仅是控制风险，让好的期货投资策略有充分发挥作用的余地，同时也要充分提高资金的使用效率，让同样多的资金，在一定时期内，能够进行更多的交易。理论上，资金管理既能提高一定时期内的盈利能力即收益率，又能减少盈利的不确定性，提高交易的稳定性，是一举多得的好事情。对第三个问题的正确选择说明大家已经懂得如何提高资金使用效率，在风险不增加甚至更小的情况下争取更高的收益。

问题来了，既然大家天生就懂得如何投资期货，那为什么绝大部分期货投资者都是赔钱的？是不好的心态让投资者在实际交易中不按自己事先制定的交易策略进行操作。就像20厘米左右宽的独木桥，如果放在低处没有危险的地方，大家都能轻松走过，如果把它架在20米或100米高的地方，相信大部分人都走不过去，假如强行让大家走过去，一定会有许多人掉下来，不是你的平衡能力发生了变化，而是你恐惧的心态阻碍了你平衡能力的发挥。但我相信也会有人走过去的，就是那些心态好的人。

相对于投入的资金，期货投资属于一种高风险和高收益并存的投资方式，每一次交易，每一个决定，选择对了可能赚得盆满钵满，选择错了，可能亏得血本无归。在大盈大亏面前如何选择，非常考验投资者的心态。那么，什么样的心态属于好的投资心态？那就是专注！

慧能的故事

心态，顾名思义是指从事某项活动时的心理状态。人们常说要保持好心态，那么好心态的标准是什么？如何才能保持好的心态？

我们先来听一个故事。六祖慧能大师是中国禅宗史上重要的代表人物。他最初拜五祖弘忍为师时，弘忍大师叫他天天砍柴、挑水、做饭。有一天，慧能就忍不住问五祖："您开悟之前做什么？"五祖回答道："砍柴、挑水、做饭。"慧能又问："开悟之后呢？"五祖又答道："砍柴、挑水、做饭。"慧能迷惑地再问："那怎么才算开悟呢？"五祖答道："我开悟之前，砍柴时惦念着挑水，挑水时惦念着做饭，做饭时又想着砍柴；但开悟之后，砍柴即砍柴，挑水即挑水，做饭即做饭，这就是开悟！"

这则故事告诉我们，好心态其实并非什么复杂、高深和遥不可及的心理玄机，而是人们常说的专心和专注，这与现代西方心理学的研究"心流"不谋而合。"心流"在心理学中是指人们专注某行为时所表现出的心理状态，是一种将个人精神力完全投注在某种活动上，同时会有高度兴奋和充实的感觉。好心态的标准就是专注！专注不仅给人带来兴奋和充实感，还能充分发挥当事者的潜能和应有水平，让当事者从事的事情产生理想的效果。在运动比赛中，专注能让比赛选手身心合一，发挥出其最佳水平。在期货交易中，专注能让投资者做出明智的判断和投资选择。而打左灯向右转，既想这样又想那样，既想盈利又怕亏损等患得患失的心态，不仅妨碍了你天生潜能的发挥，让你本来聪明的大脑和身体无所适从，就像同时让一个人向左转又向右转一样，你的大脑和身体的某些部分只能选择罢工，你所从事的事情结果自然就大打折扣。期货投资者投资期货时所犯的基本错误几乎都与不专注有关，不信，下面我们不妨一一解析。

专注策略和趋势，而非盈亏

1. 为什么亏损不止损，盈利拿不住

进行期货投资，目的当然是盈利而非亏损。投资策略是实现盈利的手段和方法，大部分期货投资者之所以长期交易是亏损的，并非没有好的投资策略和方法，而是没有专注在策略和趋势的判断上，其主要关注的是交易结果——盈亏。盈亏是策略的结果，过多的关注并不能改变它，相反，过多的关注往往只能带来更糟糕的结果。期货交易的结果是由策略决定的，你

对盈亏的关注往往会临时改变事先制定的策略和交易计划，做出没有经过深思熟虑的不明智选择，甚至一会儿这样，一会儿那样，像无头苍蝇一样。就像体育比赛，胜负是结果而非手段，对结果的过多关注往往会使动作变形，导致失败。

期货投资的许多错误操作都与过多关注盈亏有关。比如盈利拿不住，亏损就死扛不止损的操作，它是期货投资者最原始、最普遍的错误，尤其是不止损的操作，有数不清的经验教训，也是期货投资教科书一再强调的，却仍然有许许多多的投资者前赴后继。有的人犯一错误次还不吸取教训，直到犯许多次错误之后才真正学会止损。是他们不懂其中的道理吗？非也，是他们不愿亏损的心理所导致的不止损，他们重点关注的不是所持的头寸继续亏损的概率大（策略），而是亏损本身，只要不亏损，你让他平仓，他会毫不犹豫执行，哪怕这个头寸很可能要继续盈利。而一旦盈利，反而拿不住，也不管继续盈利的概率有多高，总之，有许多期货投资者，尤其是初级投资者，开仓之后是否平仓不是以事先制定的交易策略和交易计划为准，而是以盈亏为准，盈利就可以考虑平仓，亏损就不平仓。这也是大部分期货投资者常犯的错误，正因为如此，期货市场上大部分投资者都是赔钱的。

有一个期货投资者，比较喜欢满仓操作，也懂得同时交易多个品种以对冲风险，当账户快赔光的时候，他跟期货黄说："我怎么那么倒霉，做什么赔什么。"期货黄把他的交易记录捋了一遍，发现他同时交易多个品种，而且基本上都是满仓。有的品种盈利，有的品种亏损，而一旦整体发生亏损，需要补充保证金时，他会毫不犹豫地把盈利品种平掉，以释放保证金去弥补亏损品种的亏损，所以他的结算单基本上是清一色的亏损品种，为了保护他本该放弃的亏损品种，他却毅然决然地抛弃了本该保护的盈利品种！谁是我们的敌人？谁是我们的朋友？也是期货投资的首要问题。

2. 为什么开仓容易平仓难

开仓时，没有盈亏干扰，投资者能够以旁观者清的态度，专注在行情和趋势上，开仓点位的把握往往都很好。而一旦开仓，头寸就会有盈亏，且盈亏还会随价格变化上蹿下跳。此时，大部分投资者的专注力往往转移到盈亏上，而非策略和趋势本身，平仓时机的把握自然就差得远。

3. 为什么没有坚持

2004 年 6—9 月，期货黄在上海铜期货上的交易（见第三章相关内容），之所以没有坚持原来的策略也是因为盈亏，如果当时没有发生亏损，也许他会继续坚持原来制定的策略，多次盈利变成亏损后，他不敢继续坚持。是亏损让他不再专注在原来制定的策略和趋势判断上，他甚至害怕再来一次非常"正常"的亏损，尽管他对当时趋势的判断始终非常坚定。

4. 为什么捡芝麻常常丢了西瓜

许多投资者选择交易指令时不是以确保迅速成交为原则，往往因为贪图几个点的小利而错过大的投资机会，这都是因为没有专注在趋势和策略上，而是被眼前的一点小盈亏影响。

入市怕赔钱，不入市又怕错失良机。当头寸亏损时，既怕不止损亏得更多，又怕止损之后，价格回去变成不亏；头寸盈利时，既希望赚得更多，又怕价格回去变成亏损。这种不按照事先制定的策略进行操作，在患得患失中的选择常常是随机和不理智的，其结果可想而知。

专注于现在，而非过去和未来

"不用追悔过去，也不要祈求将来，过去的已经过去，而未来还没有到来，唯有把握现在，既不动荡，也不摇摆。"

有这样一个故事，曾有人问一位得道大师："什么事情最重要？"大师答道："你正在做的事情。"又问："什么人最重要？"大师又答道："你眼前的人。"再问："什么时间最重要？"大师再答道："现在！"

过去是曾经的现在，而未来又是将来的现在，只要把握好了现在，也就是把握好了过去和将来。而许多期货投资者，在进行期货交易时，专注力经常停留在过去或未来，就像是站在河中捕鱼的渔人，一只眼睛盯着已经游向下游的鱼，后悔不已，另一只眼睛则盯着从上游将要下来的鱼，满怀希望，唯独在自己脚下游动的鱼他却视而不见。

过去低价没有做多，现在高价更不愿意买进；过去亏损10万元没有及时止损，现在亏损20万元就更不止损；过去赚钱没出，现在赔钱当然更不出。

当头寸被套，并且越套越深时，不是考虑按交易策略和计划如何处理，而是祈求将来行情会反转，用想象中的反转来安慰自己不断受伤的心灵。当盈利100万元变成盈利50万元时，他又希望将来回到盈利100万元就平仓，也不管目前的行情是否有这个趋向。

甚至有时还会把过去的盈利作为现在交易不止损的理由和砝码，有时又会把过去的亏损作为现在交易的理由，急于找回亏损而盲目入市。

所以，好的期货投资心态和做好任何事情的心态要求是一样的，那就是两个字：专注！

专注于策略，而非盈亏；专注于现在，而非过去和将来；专注于趋势，而非小的价格波动；专注于自己，而非他人；专注于现实，而非想象。

专注需要有专注点和内容，期货交易的专注点就是你总结的交易策略和由此制定的交易计划，没经过自己认真总结的策略，在遭遇挫折时，往往很难坚持，所以有好的期货投资策略是专注的前提。

那么，是什么让期货投资者不专注的呢？是我们对亏损的过分恐惧和对收益的过度贪婪。为了获得相对大的收益，我们要坦然接受相对小的亏损，并以此去争取更大的盈利，而不是让亏损不受控制。既赚大钱又不用冒小风险，是人人梦寐以求的好事，做梦可以，但不现实，这是过度的贪婪。小亏时，不愿意止损，老想等到盈利或不亏时才平仓，既是对亏损的过度恐惧，同时也是一种不想冒一定风险还想盈利的过分贪婪。小盈时，赚点小钱就急于平仓，生怕到嘴的鸭子飞了，既是对盈利的过度贪婪，更是怕盈利转变成亏损的过分恐惧。于是，小亏时不止损，最后不得不痛苦面对更大的亏损，小盈时急于平仓，往往会错过大的盈利机会，后悔自己拿不住单子，就成为绝大部分期货投资者的交易选择和亲身感受，这也是大部分期货投资者赔钱的主要原因。进行期货投资，所有投资者都怕赔钱，都希望赚钱、赚大钱，这是人之常情，那么究竟对亏损的恐惧和对盈利的贪婪什么样的度是合适的？你所总结的投资策略和制定的交易计划会非常清楚地告诉你这一点，你只需要照着做就行，正如前面所说，每个人都是天生的期货投资高手。

诗人仓央嘉措曾有一首藏文诗，被曾缄先生转译为汉诗："曾虑多情损梵行，入山又恐别倾城，世间安得两全法，不负如来不负卿。"期货黄说："期货投资，既想赚钱，又怕赔钱，希望鱼与熊掌兼得，往往使人患得患失。"盈利时，平仓吧，又怕平得太早，错过大的盈利机会；不平吧，又怕头寸变亏损，偷鸡不成蚀把米。亏损时，止损吧，又怕行情回去，白损失；不止损吧，又怕亏损继续扩大，千里之堤，溃于蚁穴。这种不专注在事先制定的策略上的投资心态，往往让投资者无所适从，随性操作，最后，在不知不觉中就把钱赔光了。

但知行好事，莫要问前程。无论生活还是投资，愿天下所有人都有专注的好心态，从此无纠结，幸福度一生！

| 本章小结 |

1. 每个人天生就懂得如何投资期货，不仅懂得及时止损、让盈利奔跑，还懂得如何实现稳定盈利和提高收益率，是不好的心态关闭了绝大部分投资者的投资天性。

2. 专注是做好任何事情都应该保持的好心态，不好的心态往往是不专注，既想这样又想那样，理智与情感不一，思想与行动不一。期货投资属于高风险高收益的投资方式，盈亏往往是一念之间，这就很容易让人不专注，既想盈利又怕亏损，患得患失，常常导致投资者不按事先制定的投资策略和交易计划进行交易。

3. 进行期货投资，不专注主要表现在以下几个方面。

　　①不专注趋势和策略，而是主要关注盈亏。这常常导致亏损不止损，盈利拿不住，平仓不如开仓做得好，不能坚持事先制定的交易计划，因小失大。

　　②不专注于现在，而是关注过去和将来。过去低价没有做多，现在价高更不愿意买进，过去亏损 10 万元没有及时止损，现在亏损 20 万元就更不止损，过去赚钱没出，现在赔钱当然更不出。甚至有时还会把过去的盈利，作为现在交易不止损的理由和砝码，有时又会把过去的亏损作为现在交易的理由，急于找回亏损而盲目入市。当头寸被套时，不是考虑按交易策略和计划如何处理，而是祈求将来行情会反转。

4. 好的期货投资心态和做好任何事情的心态要求是一样的，那就是 2 个字：专注！专注于策略，而非盈亏，专注于现在而非过去或将来，专注于趋势而非小的价格波动，专注于自己而非他人，专注于现实，而非想象。

5. 对亏损的过分恐惧和对盈利的过度贪婪是导致投资者不专注的主要原因。经过认真总结和研究，制定好的投资策略和交易计划是实现专注的基本前提。人人都不想亏损，人人都渴望盈利，期货黄认为，是否按投资策略和交易计划进行操作是判断是否对亏损过分恐惧和对盈利过度贪婪的客观标准。

推荐阅读

序号	中文书号	中文书名	定价
1	69645	敢于梦想：Tiger21创始人写给创业者的40堂必修课	79
2	69262	通向成功的交易心理学	79
3	68534	价值投资的五大关键	80
4	68207	比尔·米勒投资之道	80
5	67245	趋势跟踪（原书第5版）	159
6	67124	巴菲特的嘉年华：伯克希尔股东大会的故事	79
7	66880	巴菲特之道（原书第3版）（典藏版）	79
8	66784	短线交易秘诀（典藏版）	80
9	66522	21条颠扑不破的交易真理	59
10	66445	巴菲特的投资组合（典藏版）	59
11	66382	短线狙击手：高胜率短线交易秘诀	79
12	66200	格雷厄姆成长股投资策略	69
13	66178	行为投资原则	69
14	66022	炒掉你的股票分析师：证券分析从入门到实战（原书第2版）	79
15	65509	格雷厄姆精选集：演说、文章及纽约金融学院讲义实录	69
16	65413	与天为敌：一部人类风险探索史（典藏版）	89
17	65175	驾驭交易（原书第3版）	129
18	65140	大钱细思：优秀投资者如何思考和决断	89
19	64140	投资策略实战分析（原书第4版·典藏版）	159
20	64043	巴菲特的第一桶金	79
21	63530	股市奇才：华尔街50年市场智慧	69
22	63388	交易心理分析2.0：从交易训练到流程设计	99
23	63200	金融交易圣经II：交易心智修炼	49
24	63137	经典技术分析（原书第3版）（下）	89
25	63136	经典技术分析（原书第3版）（上）	89
26	62844	大熊市启示录：百年金融史中的超级恐慌与机会（原书第4版）	80
27	62684	市场永远是对的：顺势投资的十大准则	69
28	62120	行为金融与投资心理学（原书第6版）	59
29	61637	蜡烛图方法：从入门到精通（原书第2版）	60
30	61156	期货狙击手：交易赢家的21周操盘手记	80
31	61155	投资交易心理分析（典藏版）	69
32	61152	有效资产管理（典藏版）	59
33	61148	客户的游艇在哪里：华尔街奇谈（典藏版）	39
34	61075	跨市场交易策略（典藏版）	69
35	61044	对冲基金怪杰（典藏版）	80
36	61008	专业投机原理（典藏版）	99
37	60980	价值投资的秘密：小投资者战胜基金经理的长线方法	49
38	60649	投资思想史（典藏版）	99
39	60644	金融交易圣经：发现你的赚钱天才	69
40	60546	证券混沌操作法：股票、期货及外汇交易的低风险获利指南（典藏版）	59
41	60457	外汇交易的10堂必修课（典藏版）	49
42	60415	击败庄家：21点的有利策略	59
43	60383	超级强势股：如何投资小盘价值成长股（典藏版）	59
44	60332	金融怪杰：华尔街的顶级交易员（典藏版）	80
45	60298	彼得·林奇教你理财（典藏版）	59
46	60234	日本蜡烛图技术新解（典藏版）	60
47	60233	股市长线法宝（典藏版）	80
48	60232	股票投资的24堂必修课（典藏版）	45
49	60213	蜡烛图精解:股票和期货交易的永恒技术（典藏版）	88
50	60070	在股市大崩溃前抛出的人：巴鲁克自传（典藏版）	69
51	60024	约翰·聂夫的成功投资（典藏版）	69
52	59948	投资者的未来（典藏版）	80
53	59832	沃伦·巴菲特如是说	59
54	59766	笑傲股市（原书第4版.典藏版）	99

推荐阅读

序号	中文书号	中文书名	定价
55	59686	金钱传奇：科斯托拉尼的投资哲学	59
56	59592	证券投资课	59
57	59210	巴菲特致股东的信：投资者和公司高管教程（原书第4版）	99
58	59073	彼得·林奇的成功投资（典藏版）	80
59	59022	战胜华尔街（典藏版）	80
60	58971	市场真相：看不见的手与脱缰的马	69
61	58822	积极型资产配置指南：经济周期分析与六阶段投资时钟	69
62	58428	麦克米伦谈期权（原书第2版）	120
63	58427	漫步华尔街（原书第11版）	56
64	58249	股市趋势技术分析（原书第10版）	168
65	57882	赌神数学家：战胜拉斯维加斯和金融市场的财富公式	59
66	57801	华尔街之舞：图解金融市场的周期与趋势	69
67	57535	哈利·布朗的永久投资组合：无惧市场波动的不败投资法	69
68	57133	憨夺型投资者	39
69	57116	高胜算操盘：成功交易员完全教程	69
70	56972	以交易为生（原书第2版）	36
71	56618	证券投资心理学	49
72	55876	技术分析与股市盈利预测：技术分析科学之父沙巴克经典教程	80
73	55569	机械式交易系统：原理、构建与实战	80
74	54670	交易择时技术分析：RSI、波浪理论、斐波纳契预测及复合指标的综合运用（原书第2版）	59
75	54668	交易圣经	89
76	54560	证券投机的艺术	59
77	54332	择时与选股	45
78	52601	技术分析（原书第5版）	100
79	52433	缺口技术分析：让缺口变为股票的盈利	59
80	49893	现代证券分析	80
81	49646	查理·芒格的智慧：投资的格栅理论（原书第2版）	49
82	49259	实证技术分析	75
83	48856	期权投资策略（原书第5版）	169
84	48513	简易期权（原书第3版）	59
85	47906	赢得输家的游戏：精英投资者如何击败市场（原书第6版）	45
86	44995	走进我的交易室	55
87	44711	黄金屋：宏观对冲基金顶尖交易者的掘金之道（增订版）	59
88	44062	马丁·惠特曼的价值投资方法：回归基本面	49
89	44059	期权入门与精通：投机获利与风险管理（原书第2版）	49
90	43956	以交易为生II：卖出的艺术	55
91	42750	投资在第二个失去的十年	49
92	41474	逆向投资策略	59
93	33175	艾略特名著集（珍藏版）	32
94	32872	向格雷厄姆学思考，向巴菲特学投资	38
95	32473	向最伟大的股票作手学习	36
96	31377	解读华尔街（原书第5版）	48
97	31016	艾略特波浪理论：市场行为的关键（珍藏版）	38
98	30978	恐慌与机会：如何把握股市动荡中的风险和机遇	36
99	30633	超级金钱（珍藏版）	36
100	30630	华尔街50年（珍藏版）	38
101	30629	股市心理博弈（珍藏版）	58
102	30628	通向财务自由之路（珍藏版）	69
103	30604	投资新革命（珍藏版）	36
104	30250	江恩华尔街45年（修订版）	36
105	30248	如何从商品期货贸易中获利（修订版）	58
106	30244	股市晴雨表（珍藏版）	38
107	30243	投机与骗局（修订版）	36

马特·里德利系列丛书

创新的起源：一部科学技术进步史
ISBN：978-7-111-68436-7

揭开科技创新的重重面纱，开拓自主创新时代的科技史读本

基因组：生命之书 23 章
ISBN：978-7-111-67420-7

基因组解锁生命科学的全新世界，一篇关于人类与生命的故事，
华大 CEO 尹烨翻译，钟南山院士等 8 名院士推荐

先天后天：基因、经验及什么使我们成为人（珍藏版）
ISBN：978-7-111-68370-9

人类天赋因何而生，后天教育能改变人生与人性，解读基因、环
境与人类行为的故事

美德的起源：人类本能与协作的进化（珍藏版）
ISBN：978-7-111-67996-0

自私的基因如何演化出利他的社会性，一部从动物性到社会性的
复杂演化史，道金斯认可的《自私的基因》续作

理性乐观派：一部人类经济进步史（典藏版）
ISBN：978-7-111-69446-5

全球思想家正在阅读，为什么一切都会变好？

自下而上（珍藏版）
ISBN：978-7-111-69595-0

自然界没有顶层设计，一切源于野蛮生长，道德、政府、科技、
经济也在遵循同样的演讲逻辑